Katrin Klöckner

Materialien und Kopiervorlagen zu

Renate Welsh
Sonst bist du dran

Hase und Igel®

Inhalt

www.hase-und-igel.de
Lektorat: Birgit Fürst
Satz: Claudia Trinks
Illustrationen: Johann Brandstetter

ISBN 978-3-86760-757-5
2. Auflage 2022

Das Buch

„Gewalt in der Schule“ ist laut Untertitel das Thema von Renate Welshs Roman „Sonst bist du dran“, der seit seinem Erscheinen 1994 vielfach erfolgreich als Schullektüre eingesetzt wurde und heute aktueller erscheint denn je. Gewalttätige Konflikte stehen an vielen Schulen auf der Tagesordnung. Von kleinen Rangeleien über Drohungen und Schlägereien bis zum Mobbing gibt es ganz verschiedene Formen von Gewalt. Zahlreiche Streitschlichterprogramme und Übungen zur Gewaltprävention versuchen darauf zu reagieren und Möglichkeiten der gewaltfreien Konfliktlösung aufzuzeigen. Was kann eine Lektüre in diesem Zusammenhang bewirken? Sie kann die Kinder für verschiedene Formen von Gewalt sensibilisieren, sie dazu anhalten, ihre eigenen Erfahrungen und Einstellungen mit denen im Buch zu vergleichen, und sie dazu auffordern, Möglichkeiten zu finden, konstruktiv mit Konflikten im Alltag umzugehen. Der „Umweg“, dass es hier zunächst nicht um die eigene Lebenswelt, sondern um Erfahrungen von Figuren aus einer Geschichte geht, erleichtert insbesondere in konfliktreichen Klassen den Einstieg in die Thematik.

Der Viertklässler Arnold wird von einer Bande von Mitschülern bedrängt und gequält. Die Überfälle, die vom Anführer Klaus angeleitet werden, finden in der Schule, im Park und auf einem abgelegenen Parkplatz statt. Michel, der in dieselbe Klasse geht, wird zunächst ungewollt Zeuge der Übergriffe und weiß nicht, wie er damit umgehen soll. Aus Angst, selbst zum Opfer zu werden, schließt er sich der Bande an und übt selbst Gewalt gegenüber Arnold aus. Glücklicherweise bemerkt die Klassenlehrerin, dass etwas nicht stimmt, und gibt den Kindern eine ungewöhnliche Hausaufgabe: Sie sollen anonym aufschreiben, wann sie schon einmal Gewalt erfahren oder ausgeübt haben. Die Vorstellung dieser Hausaufgabe macht die Klasse sehr nachdenklich. Nach ein paar Tagen soll noch einmal jeder Schüler eine Erfahrung nennen, die nicht die eigene ist. Michel vertraut sich seinen Eltern an und findet einen Weg, sich mit Arnold zu versöhnen. Die Bande löst sich auf, Klaus wird als Anführer abgesetzt, die Interessen und Bindungen der Schüler verschieben sich und Arnold findet Freunde in der Klasse.

Da die Hauptpersonen in der Lektüre Viertklässler sind und das Thema „Gewalt“ facettenreich und kindgemäß aufgegriffen wird, ist das Buch besonders gut für die Klassenstufen 3 bis 5 geeignet.

Das Material

Das vorliegende Material bietet Kopiervorlagen zu den Schwerpunktthemen „Angst“, „Außenseiter“ und „Gewalt“. Die Schüler bleiben dabei nicht nur bei der Lektüre, sondern denken auch immer über sich selbst nach, suchen nach Parallelen zwischen ihrer eigenen Klasse, ihrer eigenen Lebenswirklichkeit und der Situation von Michel, Arnold, Klaus und Bertram.

Außerdem finden Sie viele Hinweise, wie Sie mit Ihrer Lerngruppe das Thema „Gewalt“ behandeln können, wie Sie mit Ihren Schülern ins Gespräch kommen, sie zum Nach- und Umdenken bewegen können. Es gibt praktische Übungen, die Sie mit Ihren Schülern umsetzen können, und Anregungen zu philosophischen Gesprächen.

Nach der intensiven Beschäftigung mit der Lektüre kennen Ihre Schüler nicht nur die Geschichte von Michel, Arnold, Klaus und Bertram genau, sondern haben auch sich selbst ein Stück besser kennen und verstehen gelernt.

Das Buch ist nicht in Kapitel eingeteilt. Zur besseren Orientierung ist dieses Material in Sinnabschnitte untergliedert, die eine entsprechend strukturierte Behandlung der Lektüre im Unterricht nahelegen:
Seite 5 bis 31: Michel wird Zeuge
Seite 31 bis 71: Michel als Mitläufer
Seite 71 bis 95: Die grauen Zettel
Seite 95 bis 128: Veränderungen

Zu jedem Abschnitt gibt es zunächst eine Kopiervorlage, mit der Sie die Textkenntnis der Kinder überprüfen können. Die Schüler werden immer wieder dazu angehalten, Textarbeit zu leisten, indem sie Zitate im Buch suchen, diese in den Zusammenhang einbetten und Antworten auf Fragen finden.

Die Kinder versetzen sich in die Hauptpersonen hinein und spüren ihren Gefühlen und Motivationen nach. Dadurch wird ihre Empathiefähigkeit gestärkt.

In der Kopfleiste jeder Kopiervorlage zeigen Symbole übersichtlich an, welche Arbeitstechniken auf der betreffenden Seite anzuwenden sind:

Viel Erfolg bei der Arbeit mit Buch und Material wünscht Ihnen und Ihrer Klasse

Katrin Klöckner

Vor der Lektüre

Kopieren Sie das Cover auf Folie und legen Sie es auf den Overheadprojektor. Decken Sie zunächst alles bis auf Michel ab: Wie schaut der Junge? Was sieht er wohl?

Zeigen Sie dann nach und nach auch die anderen Kinder, bis das ganze Bild sichtbar ist. Die Schüler betrachten das Cover des Buches und äußern sich zu Titel und Bild: Worum geht es wohl in der Lektüre? Schreiben Sie die Vermutungen auf ein großes Plakat. Am Ende der Lektüre können Sie darauf zurückkommen und mit den tatsächlichen Leseeindrücken der Kinder vergleichen. Haben sich ihre Vermutungen bestätigt?

Lesen Sie die erste Szene (Seite 5 bis 7) vor, wer mag, schließt dabei die Augen. Die Schüler äußern sich danach zum Gehörten und versuchen, eine Zuordnung der geschilderten Kinder zu den auf dem Cover dargestellten Figuren vorzunehmen.

Michel wird Zeuge
Seite 5 bis 31

Inhalt

Der Viertklässler Michel wird Zeuge, wie Klaus, Bertram und einige andere Mitschüler seinen Klassenkameraden Arnold in der Schultoilette bedrängen und quälen. Dem hinzukommenden Lehrer sagt niemand, was los ist, auch Arnold ruft nicht um Hilfe.

Die Kunstlehrerin bemerkt in der folgenden Unterrichtsstunde, dass etwas nicht stimmt. Sie gibt der Klasse zu bedenken, dass es ebenso schlimm ist, zu einem Unrecht zu schweigen, als hätte man selbst mitgemacht.

Nach der Schule beobachtet Michel erneut, wie Arnold von der Bande um Klaus und Bertram gequält und gedemütigt wird, diesmal im Park. Nun wird auch Michel bedroht: Falls er etwas verrät, ist er als Nächster dran.

Zu Hause kann Michel nicht über das Vorgefallene sprechen, obwohl sich seine Mutter sehr um ihn bemüht. Beim Abendessen äußert er den Wunsch, Karate zu lernen. In der Nacht hat er Bauchweh.

Am nächsten Tag wird Michel in der Schule von Bertram gefragt, ob er zu der Bande gehören will, die Arnold quält.

Gesprächs- oder Schreibanlässe

Arnold verhält sich ganz still, als der Lehrer in die Schülertoilette kommt.
- Warum weint oder ruft Arnold nicht?
- Warum sagt Michel nichts?
- Warum läuft Michel dem Lehrer nicht nach und berichtet ihm alles?

Michel erzählt seinen Eltern nichts von diesem Vorfall.
- Warum verschweigt er ihnen das?
- Hättest du deinen Eltern davon erzählt? Warum (nicht)?

Hinweise zu den Kopiervorlagen

KV Seite 16

Wer spricht hier?
Die Schüler erinnern sich an das Geschehen im ersten Abschnitt und finden heraus, welche Personen sprechen. Mit diesem Arbeitsblatt können Sie die Textkenntnis der Kinder überprüfen. Wenn sie ihre Arbeitsergebnisse vorstellen, nennen die Schüler zunächst die Lösung (den Namen des sprechenden Kindes) und betten dann die Aussage in den Zusammenhang ein: Wer sagt den Satz zu wem? Warum sagt er das? Oder (bei der zweiten Aufgabe): Wer könnte den Satz zu wem sagen? Wäre das klug oder nicht?

Lösung
Aufgabe 1:

Vielleicht überlegt ihr einmal, dass zu einem Unrecht zu schweigen, gerade so viel ist, als hätte man mitgetan.

Frau Rode (Seite 12)

Klaus (Seite 18)

Du weißt ja, wenn du ein Wort sagst, bist du dran.

Nach der Schule im Park.

Bertram (Seite 31)

Aufgabe 2:

Arnold (Seite 5/6)

Klaus und Bertram haben meinen Kopf in die Kloschüssel gesteckt.

Bertram hat mich gefragt, ob ich zu ihnen gehören möchte.

Michel (Seite 28)

KV Seite 17

Ist das Gewalt? (1)

Die Schüler lesen im Buch nach und kreuzen an, in welchen Situationen Gewalt angewendet oder erfahren wird. Ihre Wahrnehmung wird dabei unterschiedlich sein, sodass es nach der Präsentation der Ergebnisse zu Diskussionen kommen kann. Dabei können Sie sich langsam einer Definition von Gewalt nähern, die immer wieder zu überprüfen sein wird.

Hier bietet sich die Gelegenheit, mit den Kindern zu philosophieren:

- Wie kommt es, dass Gewalt unterschiedlich empfunden wird?
- Warum ist es schwierig, eine allgemeingültige Definition von „Gewalt“ aufzustellen?
- Warum ist es manchmal schwierig, die Einschätzung des anderen zu akzeptieren, eine andere Meinung, eine andere Wahrnehmung neben der eigenen gelten zu lassen?

Die Schüler können und sollen bei der Begründung ihrer Einschätzung auf eigene Erlebnisse und Erfahrungen zurückgreifen. Es ist sehr mutig von ihnen, wenn sie das tun. Sorgen Sie dafür, dass diese Berichte von der Klasse gut aufgenommen und nicht ins Lächerliche gezogen werden. Die Einhaltung der Gesprächsregeln ist an dieser Stelle besonders wichtig.

Auch Begründungen, die Ihnen zunächst absurd erscheinen, können auf eigenen Erfahrungen beruhen. Fragen Sie behutsam nach, wie bestimmte Aussagen gemeint sind, oder sprechen Sie das Kind in einer ruhigen Minute darauf an.

Beispiellösung

Aufgabe 1:

☒ Klaus, Bertram und Arnold in der Schultoilette: Hier handelt es sich um Gewalt, da Arnold gegen seinen Willen und mit Kraftaufwand mit dem Kopf in die Toilettenschüssel getaucht wird.

☐ Kunstunterricht bei Frau Rode: Hier handelt es sich nicht um Gewalt, sondern um normalen Unterricht.

☒ Diktat bei der Vertretungslehrerin: Hier handelt es sich um Gewalt, da die Lehrerin nicht auf die Einwände der Schüler eingeht und das schwere Diktat durchsetzt, um Ruhe zu erzwingen.

☒ Klaus, Bertram, Fanny und Arnold im Park: Hier handelt es sich um Gewalt, weil die Kinder Arnold beschimpfen und schlagen, bis er Nasenbluten bekommt.

☐ Michel und seine Eltern: Hier handelt es sich nicht um Gewalt, sondern um normale Situationen innerhalb der Familie.

☐ Michels Schulweg: Hier handelt es sich nicht um Gewalt. Die Müllmänner gehen nur ihrer Arbeit nach. Dass die Autofahrer sie bedrängen, ist nicht nett, aber niemand wendet hier Gewalt an.

☒ Bertram und Michel in der Garderobe: Hier handelt es sich um Gewalt, da Michel Bertrams Worte als Drohung empfindet.

KV Seite 18

Wer hat hier Angst? (1)

Die Schüler malen die Personen an, die ihrer Meinung nach im ersten Abschnitt Angst haben. Diese Einschätzung kann sehr unterschiedlich sein. Wichtig ist, die eigene Meinung zu begründen und mit Textstellen zu belegen. Dabei üben die Kinder sich in Textarbeit und im Argumentieren, sie stellen aber auch Empathie unter Beweis.

Falls die Schreiblinien nicht ausreichen, können die Schüler auf der Rückseite des Arbeitsblatts oder im Heft weiterarbeiten. Die Begründung kann auch mündlich erfolgen, wenn die Ergebnisse beispielsweise im Gesprächskreis vorgestellt werden. Die Kinder legen ihre fertigen Arbeitsblätter dabei vor sich auf den Boden oder halten sie so auf dem Schoß, dass jeder sie sehen kann. Unterschiede werden schnell erkennbar und regen zum Fragen und Argumentieren an.

Beispiellösung

Arnold hat Angst, weil er verfolgt und gequält wird.
Michel hat Angst, weil er nicht weiß, was er tun soll. Er hat Angst, als Nächstes zum Opfer zu werden.
Bertram hat Angst vor Klaus.
Die Vertretungslehrerin hat Angst, weil sie nicht weiß, wie sie die Klasse unter Kontrolle bekommen soll.
Michels Mutter hat Angst, weil sie nicht weiß, was Michel bedrückt und wie sie ihm helfen kann.

KV Seite 19

Sonst bist du dran!

Zunächst leisten die Schüler Textarbeit, indem sie nach dem Zitat suchen und es in den Zusammenhang einbetten. Danach beschäftigen sie sich mit dem Thema „Drohungen“. Sicherlich hat jedes Kind schon einmal eine Drohung gehört oder vielleicht auch selbst ausgestoßen (oder zumindest gedacht). Lassen Sie die Sprechblasen im Gesprächskreis vorlesen oder heften Sie die Blätter mit verdecktem Namen an die Wand, alternativ an die Tafel, wenn Sie sicherstellen möchten, dass der jeweilige Schreiber anonym bleibt. Die Kinder gehen herum und lesen die verschiedenen Drohungen. Der Hör- bzw. Arbeitsauftrag dabei ist: Wie geht es mir, wenn ich das höre oder lese? Was lösen diese Drohungen in mir aus? Welche Gefühle erzeugen sie? Welche Erinnerungen wecken sie in mir?

Gehen Sie sehr sensibel vor, wenn die Schüler von eigenen Erfahrungen berichten. Seien Sie darauf gefasst, auch von häuslichen Problemen zu erfahren.

Diese Situation, in der viele Drohungen im Raum stehen, muss auch behutsam wieder aufgelöst werden: Wie kann man reagieren, wenn man bedroht wird? Welche Lösungsmöglichkeiten gibt es? Wie kann ich mich verhalten, ohne selbst eine Drohung auszusprechen?

Alle Gefühle, die benannt werden, haben ihre Berechtigung. Die Kinder sollen lernen, angemessen mit diesen Gefühlen umzugehen.

Lösung

Aufgabe 1:

Klaus sagt diesen Satz zu Michel, nachdem Michel im Park beobachtet hat, wie Klaus und seine Freunde Arnold quälen. Klaus möchte Michel einschüchtern, weil er Angst hat, dass Michel sie verraten könnte und dies für die Bande Konsequenzen hätte.

KV Seite 20

Habe ich eine Wahl?

Die Kinder wählen ein Zitat aus, suchen dieses in der Lektüre und betten es in den Zusammenhang ein. Danach überlegen sie in Einzel- oder Partnerarbeit, wie sich die Geschichte entwickelt hätte, wenn Arnold oder Michel anders reagiert hätten. Die Ergebnisse werden im Gesprächskreis vorgestellt und diskutiert.

Zum Schluss können Sie die Frage aus der Überschrift stellen: „Habe ich eine Wahl?" Hatte Michel eine Wahl?

Weiterführende Anregung

Ähnliche Überlegungen können auch zu Schlüsselsituationen in den weiteren Abschnitten angestellt werden. Verändert sich die Einschätzung Ihrer Schüler zu der grundlegenden Frage nach Handlungsalternativen?

Was bedeutet das für das eigene Leben der Kinder? Problematische Situationen (z. B. Pausenkonflikte) können im Rollenspiel vorgestellt und auf verschiedene Art gelöst werden. Was wäre passiert, wenn sich einer der Beteiligten an einer bestimmten Stelle anders verhalten hätte?

Michel als Mitläufer
Seite 31 bis 71

Inhalt

Bertram verknotet in der Schulgarderobe die Schnüre von drei Jacken. Arnold wird beschuldigt, wehrt sich aber nicht. Nach der Schule wird Arnold von der Bande gejagt und beschimpft. Aus Angst macht er sich in die Hose. Er wird von den anderen Kindern verhöhnt. Michel beteiligt sich zuerst nicht daran, schreit dann aber aus Angst vor Klaus mit. Als die Bande Arnold schließlich gehen lässt, bleibt sein Schal zurück. Bertram wirft ihn in einen Baum.

Michel wird von einem fremden Mann fälschlich beschuldigt, die Mülltonnen im Hausflur ausgeleert zu haben. Der Junge antwortet nicht und läuft davon.

Michels Eltern machen mit ihm einen Ausflug zur Burg Greifenstein. Sie bemühen sich um ihren Sohn, aber Michel wird bei der Besichtigung der Folterkammer blass und nachdenklich.

Nach der Schule soll Michel sich mit der Bande auf einem Parkplatz treffen. Wieder ist Arnold das Opfer. Aus Angst vor den anderen Jungen gehorcht Michel den Anweisungen und gibt Arnold Gras zu fressen. Michel packt eine unglaubliche Wut auf Arnold, der sich nicht wehrt, und er schlägt auf den Hilflosen ein. Schließlich bleibt Michel allein auf dem Parkplatz zurück. Er wird von einem Mann beschuldigt, wiederholt Spiegel und Antennen von parkenden Autos abgebrochen zu haben. Die Polizei nimmt den Vorfall auf.

Zu Hause fühlt sich Michel krank. Er schafft es schließlich, seinen Eltern alles zu beichten. Sein Vater sagt, das Wichtigste sei, dass Arnold Michel verzeihe. Dann könne er sich vielleicht auch selbst verzeihen.

Gesprächs- oder Schreibanlässe

„Warum denn der Arnold?“, fragt Michel.

- Welche Antwort bekommt Michel auf diese Frage?
- Warum ist gerade Arnold das Opfer? Was denkst du?
- Was würde passieren, wenn Arnold die Klasse verlassen würde? Würde die Bande sich dann ein neues Opfer suchen?

Michel vertraut sich seinen Eltern an und erzählt ihnen, was er getan hat.

- Warum tut Michel das?
- Hättest du ähnlich reagiert? Oder hättest du geschwiegen?
- Wie reagieren die Eltern darauf?
- Findest du ihre Reaktion gut? Welche Reaktion hättest du sonst erwartet oder dir gewünscht?

Hinweise zu den Kopiervorlagen

KV Seite 21

Wer war das?
Das Arbeitsblatt überprüft die Textkenntnis der Schüler. Welches Kind hat was getan? Wenn die Schüler die Ereignisse des zweiten Abschnitts in groben Zügen im Kopf haben, sollten sie nicht nachlesen müssen, da hier keine Details abgefragt werden. Zu wissen, wer was getan hat, ist für das Verständnis der weiteren Handlung wichtig. Daher sollten Sie Kinder, die Probleme mit der Bearbeitung dieser Aufgabe haben, dazu anhalten, noch einmal in der Lektüre nachzulesen (ggf. mit einem Partnerkind).

Lösung
Die Jungen quälen Arnold im Park. Arnold macht vor Angst in die Hose. Michel schreit mit den anderen, weil er Angst vor Klaus hat. Bertram wirft den Schal von Arnold in den Baum.
Michel wird von einem fremden Mann beschuldigt, die Mülltonnen im Hausflur ausgeleert zu haben.
Zu Hause sieht Michel auf allen Wänden einen Film, der die Ereignisse im Park zeigt.
In der Nacht wacht Michel auf und hat Angst. Er denkt: Morgen machen sie mit mir alles, was sie Arnold angetan haben.
Auf dem Parkplatz gibt Michel Arnold Gras zu fressen. Michel schlägt auf Arnold ein.
Michel wird beschuldigt, Spiegel und Antennen von den Autos abgebrochen zu haben.
Michel beichtet seinen Eltern alles, was passiert ist.

KV Seite 22

Ist das Gewalt? (2)
Ein ähnliches Blatt haben die Schüler bereits zum ersten Abschnitt bearbeitet. Diesmal sind die Situationen nicht vorgegeben, sondern die Kinder suchen selbst Szenen aus dem zweiten Abschnitt der Lektüre heraus. Damit leisten sie wichtige Textarbeit. Jede aufgeschriebene Situation soll von den Schülern begründet werden. Alle (ernsthaften) Begründungen gelten. Achten Sie darauf, dass niemand ausgelacht wird. Situationen, die nicht von allen Kindern als Gewaltsituationen angesehen werden, könnten den Schüler, der sie ausgewählt hat, an ein eigenes Erlebnis erinnern.

Weiterführende Anregung
Sie können anhand dieses Arbeitsblatts und der Diskussion darüber weiter an einer Definition von „Gewalt“ arbeiten.

KV Seite 23

Wer hat hier Angst? (2)
Dieses Arbeitsblatt ähnelt der Kopiervorlage aus dem ersten Abschnitt (Seite 18). Neue Personen sind hinzugekommen, andere sind weggefallen. Die meisten Personen sind aber gleich geblieben. Hat sich etwas verändert? Welche Personen haben immer noch Angst? Welche haben jetzt Angst/keine Angst mehr?

Beispiellösung
Michel hat Angst vor Klaus.
Arnold hat Angst vor Klaus, Bertram, Fanny, Luki und Michel.
Bertram hat Angst vor Klaus.
Fanny hat Angst vor Klaus.
Luki hat Angst vor Klaus.
Klaus hat Angst, dass Fanny ihn nicht mehr bewundert, wenn er nicht mehr der Anführer ist.
Der Mann mit den Mülltonnen hat Angst, dass sein Hausflur immer wieder verwüstet wird.
Der Mann auf dem Parkplatz hat Angst, dass sein Auto beschädigt wird.
Michels Mutter und Michels Vater haben Angst, dass Michel in eine Situation geraten ist, aus der er nicht mehr herauskommt.

Weiterführende Anregung
Die Kopiervorlagen von Seite 18 und Seite 23 können im dritten und vierten Abschnitt sowie nach der Lektüre noch einmal – in leicht abgewandelter Form – eingesetzt werden. Wie verändert sich die Einschätzung? Wo entsteht Angst, wo verändert sich die Angst, bei wem verschwindet die Angst? Woran liegt das?

KV Seite 24

Die Angst in mir

Die Kinder schreiben an den Körperumriss, wo sie Angst spüren. Sie können auch Kreise oder andere Zeichen in die entsprechenden Körperteile malen. Die Begriffe auf dem Arbeitsblatt können, müssen aber nicht verwendet werden. Sie stellen nur eine Hilfe für Kinder dar, denen (zunächst) nichts einfällt. Diese Aufgabe kann in Einzel- oder (freiwillig) in Partnerarbeit gelöst werden. Wer möchte, legt sein fertiges Arbeitsblatt in den Kreis oder hängt es an die Wand. Die Schüler betrachten die Blätter und kommen darüber ins Gespräch: Welche Gemeinsamkeiten und Unterschiede gibt es? Besteht Klärungsbedarf?

Alternativ oder vorbereitend können Sie eine Gemeinschaftsarbeit durchführen: Zeichnen Sie auf ein großes Packpapier oder ein Stück Tapete den Körperumriss eines Kindes. Die Schüler stehen im Kreis um dieses Bild. Jeder hat eine oder zwei leere Karteikarte(n) in der Hand und legt seine Karte(n) auf den Körperteil, in dem er besonders häufig Angst spürt. Betrachten Sie das fertige Bild mit der Klasse: Wo liegen besonders viele Karten? Wo liegen keine Karten? Wie ist das, wenn sich die Angst in einem ausbreitet?

In jedem Fall sollte im Anschluss an die Gruppenarbeit oder die Arbeit mit der Kopiervorlage darüber gesprochen werden, wie man Angst besiegen kann. Was kann ich tun, um Angst wieder loszuwerden? Während dieses Gespräches können die Karteikarten nach und nach wieder von dem Kinderumriss heruntergenommen werden: Die Angst verschwindet.

Beispiellösung

Kopf: trockener Mund, nicht schlucken können, Ohrensausen, weinen, Druck hinter den Augen, nicht sprechen können, blass sein, nicht denken können, sich nicht konzentrieren können, schreien
Brust: Herzklopfen
Bauch: Bauchweh, Übelkeit
Hände: feuchte Hände
Schritt: in die Hose machen
neben das Kind, mit Bezug auf den ganzen Körper: sich nicht bewegen können, nicht schlafen können

Weiterführende Anregung

Die Schüler tragen auf dem Blatt ein, wo Michel oder Arnold Angst spüren. Diese Bilder können sie mit dem eigenen Bild vergleichen.

KV Seite 25

Warum eigentlich Arnold?

Die Schüler leisten zunächst Textarbeit, indem sie die Zitate heraussuchen und Michels Antworten aufschreiben. Danach beschäftigen sie sich mit dem Gelesenen, indem sie sich in die Situation hineindenken und die Geschichte umschreiben.

Im Gesprächskreis werden die Alternativen vorgestellt und auf das eigene Leben bezogen: Wie hätte ich in bestimmten Situationen anders reagieren können? Was nehme ich mir für die nächste Konfliktsituation (z. B. Pausenstreitigkeit) vor?

Lösung

Aufgabe 1:
Michel: „Nein."

Michel: „Also wirklich nicht."

Weiterführende Anregungen

- Besprechen Sie mit den Kindern gemeinsam: Warum ist gerade Arnold das Opfer? Was erfahren wir über Arnold? Suchen Sie mit den Schülern gemeinsam im ersten und zweiten Abschnitt nach Wörtern und Sätzen, die Arnold beschreiben. Sammeln Sie diese Beschreibungen an der Tafel. Überlegen Sie mit den Schülern: Wie sieht Arnold aus? Wie geht er, wie steht er, wie sitzt er? Können die Schüler das vormachen? Kommen Sie am Schluss der Lektüre noch einmal auf dieses Thema zurück: Wie hat sich Arnolds Körperhaltung verändert? Woran liegt das?
- Die Kinder zeichnen ein Bild von Arnold. Betrachten Sie im Anschluss die Zeichnungen. Welche Gemeinsamkeiten und Unterschiede gibt es?
- Thematisieren Sie auch, was die Antwort bzw. Gegenfrage „Warum nicht Arnold?" über die Täter aussagt. Sie gehen offenbar nicht sehr reflektiert vor, sondern wählen eher instinktiv jemanden aus, von dem sie glauben, dass er schwach ist und sich nicht wehren wird. Darüber nachdenken wollen sie lieber nicht, weil es kein gutes Licht auf sie selbst werfen würde.
- Überlegen Sie für sich, ob es in Ihrer Lerngruppe auch einen „Arnold" gibt. Arnold wird am Schluss der Lektüre für seinen Mut in einer außerschulischen Situation bewundert und findet darüber in der Klasse Freunde. Vielleicht können Sie Stärken Ihres „Arnolds" herausfinden? Eventuell kann dieses Kind besonders gut zeichnen, kochen, tanzen? Dann könnte es dies den anderen Schülern bei passender Gelegenheit einmal vorstellen oder bei einem entsprechenden Projekt als Helferkind fungieren.

KV Seite 26

Was hätte ich denn tun können?

Die Schüler suchen das Zitat im Text und betten es in den Zusammenhang ein. Dann überlegen sie sich in Partner- oder Gruppenarbeit weitere Entschuldigungen, die Michel vorbringen könnte.

Anschließend stellen die Kinder ihre Arbeitsergebnisse vor. Besprechen Sie die gefundenen Entschuldigungen. Was sagen die Schüler dazu? Gibt es eine Entschuldigung für Michels Verhalten? Zum Vergleich können Sie die Kopiervorlage „Habe ich eine Wahl?“ (Seite 20) heranziehen.

KV Seite 27

Wozu bin ich fähig?

Bei der ersten Aufgabe sollte deutlich werden, dass die Zitate zwei sehr unterschiedliche Situationen beschreiben: Die Mutter ist gestresst, verzweifelt und wütend, weil sie ihrem geliebten Kind nicht helfen kann und sich deshalb völlig machtlos fühlt. Michels Wut ist dagegen komplexer. Hasst er das Opfer, weil es ihn zum Täter macht und dadurch eine Seite an ihm zum Vorschein bringt, die bisher verborgen war?

Sicherlich war auch jedes Kind aus Ihrer Klasse schon einmal sehr wütend. Jeder Schüler erinnert sich an eine Situation, schreibt sie auf und beschreibt seine Reaktion, die er tatsächlich durchgeführt oder sich nur vorgestellt hat. Die Kinder können ganz frei schreiben, da niemand kontrollieren kann, ob sie sich das nur vorgestellt haben. Seien Sie darauf gefasst, hier mit starken Gewaltfantasien konfrontiert zu werden. Die enorme Wut, die die Schüler in bestimmten Situationen empfinden, ist ok. Sie müssen lernen, ihre Gefühle in Bahnen zu lenken und vielleicht auch eine Alternative zu der Reaktion zu finden, die sie aufgeschrieben haben.

Überlegen Sie gemeinsam mit Ihrer Klasse: Warum wäre es befreiend, aber nicht in Ordnung, so zu handeln, wie man es sich in seiner Wut vorgestellt hat? Was könnte man stattdessen tun? Kann man sich Hilfe holen, sich durch Sport abreagieren, auf ein Kissen einprügeln, alle Schimpfwörter in sein Kissen brüllen, die man kennt, den Streit mit einem Klassenkameraden in einem fairen „Kampf“ nach Regeln austragen?

Sammeln Sie Lösungsmöglichkeiten und stellen Sie sie beispielsweise auf einem Plakat im Klassenraum aus, damit die Kinder sie immer vor Augen haben.

Manchen Schüleräußerungen müssen Sie vielleicht im Vier-Augen-Gespräch nach dem Unterricht noch nachgehen. Vergegenwärtigen Sie sich aber, dass Sie nichts hervorgerufen haben, was vorher nicht da war, sondern dass Sie durch diese Einheit nur sichtbar machen, was verborgen war – und das kann ein erster Schritt zur Lösung der Probleme sein.

KV Seite 28

Wutkissen

Die Schüler bringen von zu Hause ein altes T-Shirt mit oder Sie besorgen günstige T-Shirts. Nach der einfachen Anleitung stellt jedes Kind sein individuelles Wutkissen her. Dieses Kissen kann in der Schule verbleiben (z. B. in der Leseecke) und bei Bedarf hervorgeholt werden. Die Schüler können das Kissen nutzen, um sich abzureagieren, wenn sie wütend sind, oder sich einfach schmollend mit dem Kissen in eine Ecke verziehen, damit kuscheln und sich daran festhalten.

KV Seite 29

Wenn ich du wäre ...

Die Schüler arbeiten in Kleingruppen zusammen. Sie wählen eine der vorgeschlagenen Situationen aus, lesen diese gemeinsam (oder jeder für sich) im Buch nach und üben dann die Szene als Rollenspiel ein. Weisen Sie vorher unbedingt noch einmal darauf hin, dass nicht wirklich Gewalt ausgeübt werden darf! Die Kinder sollen selbstverständlich nur so tun, als ob sie beispielsweise jemanden schlagen würden. Schüler, die sich gar nicht überwinden können, bei diesem Rollenspiel mitzumachen, können auch eine andere Situation (beispielsweise das Gespräch zwischen Bertram und Michel in der Garderobe) auswählen.

Falls Sie sich dazu entschließen, die Rollenspiele nacheinander vor der Klasse vorspielen zu lassen, schlüpfen die restlichen Schüler in die Rolle der Beobachter: Halten sich die Schauspieler an den Text? Wurde etwas verändert? Wer spielt seine Rolle besonders gut? Wer fühlt sich sichtlich unwohl in seiner Rolle? Woran könnte das liegen? Wie würden sich die Schüler fühlen, wenn sie diese Situation im realen Leben beobachten würden? Wie würden sie sich verhalten? Würden sie eingreifen, mitmachen, weglaufen, Hilfe holen ...?

Sprechen Sie im Anschluss mit den Kindern über ihre Empfindungen bei den Rollenspielen. Die Fragen auf dem Arbeitsblatt (Aufgabe 2) können den Gesprächseinstieg erleichtern.

Weiterführende Anregung

Hängen Sie eine leere oder ausgefüllte Kopie dieses Arbeitsblatts an die Wand oder in die Ecke, in der Sie üblicherweise die Pausenstreitigkeiten klären. Erinnern Sie Ihre Schüler immer wieder daran, sich auch in die Situation des anderen hineinzuversetzen.

Die grauen Zettel
Seite 71 bis 95

Inhalt

Die Klassenlehrerin spricht mit den Schülern über Gewalt, die sie gesehen haben. Doch sie bricht den Gesprächskreis ab, weil die Kinder nicht mutig genug sind, über sich selbst zu sprechen. Als Hausaufgabe sollen sie anonym auf Zettel schreiben, wann sie selbst Gewalt ausgeübt oder erfahren haben.

Die Lehrerin sammelt die Zettel ein und liest sie vor. Die Kinder sollen dabei darauf achten, was in ihnen selbst beim Zuhören passiert. Ihre Lehrerin sagt, dass sie sich beim Lesen an viele Dinge erinnert hat, die sie schon vergessen hatte. Die Schüler sind bewegt und nachdenklich, die Spannung wird durch gemeinsames Singen gelöst.

Als Michel in der Garderobe geschubst wird, fängt Arnold ihn auf – vielleicht der Anfang einer Versöhnung.

Gesprächs- oder Schreibanlässe

Michel denkt, dass er zu leicht weggekommen ist.
- Was hat Michel erwartet oder „erhofft"?

Frau Hafner lässt die Kinder nicht Völkerball spielen, weil in vielen Ländern die Menschen wirklich abgeschossen werden.
- Worauf bezieht sich das? Was meint Frau Hafner damit?

Arnold nimmt Michels Entschuldigung in der Sportumkleide nicht an.
- Warum nicht?
- Wie könnte sich Michel entschuldigen?

Michel fragt sich, wie er wohl reagiert, wenn Bertram und Klaus ihn wieder dazu zwingen mitzumachen.
- Was denkst du, wie würde Michel dann reagieren?
- Wie würdest du an seiner Stelle handeln?

Michel fragt sich, warum Arnold sich nicht bei seinen Eltern beklagt hat.
- Was denkst du, warum Arnold das nicht getan hat?

Michel versucht, einen Brief an Arnold zu schreiben.
- Schreibe diesen Brief.

Hinweise zu den Kopiervorlagen

KV Seite 30

Kreuzworträtsel
Mit dem Kreuzworträtsel können Sie die Textkenntnis der Kinder überprüfen. Leistungsschwächere Schüler dürfen im Buch nachlesen. Das Lösungswort ermöglicht eine Selbstkontrolle.

Lösung

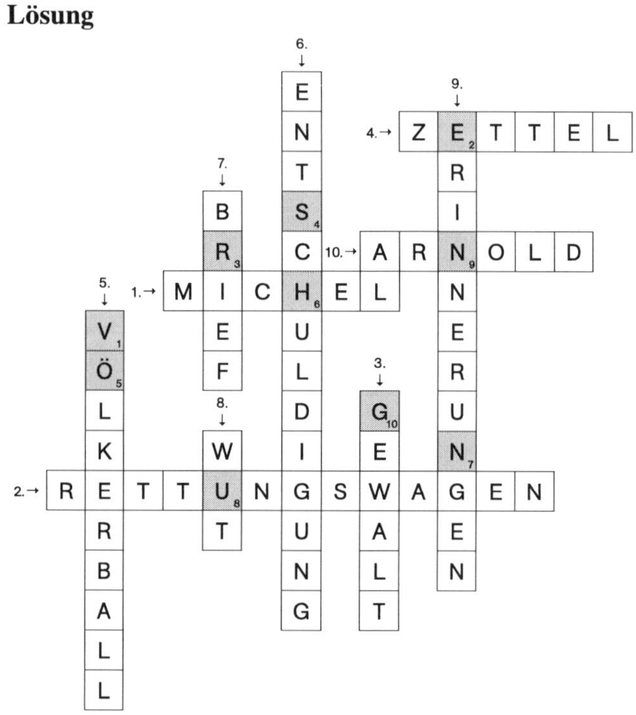

Lösungswort: VERSÖHNUNG

KV Seite 31

Ist das Gewalt? (3)
In diesem Abschnitt kommen viele Schilderungen von Gewalt vor. Die Schüler ergänzen das Gedankennetz, eventuell in Partner- oder Gruppenarbeit, und versuchen sich an einer Definition des Begriffs „Gewalt". Anschließend stellen sie ihre Arbeitsblätter vor und kommen ins Gespräch miteinander.

Gemeinsam können Sie dann eine oder mehrere Definition(en) des Begriffs „Gewalt" erarbeiten, die nach der Lektüre des nächsten Abschnitts noch einmal überprüft werden sollte(n).

KV Seite 32

Unsere grauen Zettel
Stellen Sie Ihren Schülern die gleiche Aufgabe wie Frau Hafner. Die Kinder brauchen ihren Namen nicht auf das Blatt zu schreiben. Sie können auch ihre Schrift bewusst ändern oder mit dem PC schreiben, den Text ausdrucken, ausschneiden und auf die Vorlage kleben, sodass die Zettel alle gleich aussehen und keine Rückschlüsse auf den Autor zulassen. Folgen Sie der Vor-

gehensweise von Frau Hafner beim Einsammeln und Auswerten der Zettel. Führen Sie diese Stunde an einem Tag durch, an dem Sie Zeit und Ruhe für die Lerngruppe haben. Informieren Sie am besten im Vorfeld auch die Eltern über das geplante Vorhaben, da die Vorbereitung und Durchführung dieser Stunde Ihre Schüler ziemlich aufwühlen kann.

KV Seite 33

Wut und schlechtes Gewissen

Die Kinder suchen zunächst das Zitat im Buch und betten es in den Zusammenhang ein. Warum ist Michel wütend? Warum hat er ein schlechtes Gewissen? Im zweiten Schritt personifizieren die Schüler die Wut und das schlechte Gewissen, so wie Michel es in seinen Gedanken tut. Sie zeichnen bzw. malen individuelle Bilder.

Nun haben sie die beiden Hauptpersonen für die Bildergeschichte fertig, in der sie sich mit den Themen „Wut" und „schlechtes Gewissen" auseinandersetzen. Dabei fühlen sie sich in Michel ein, wiederholen den Ablauf der Geschichte und können auch eigene Erfahrungen einbringen.

Findet ein Kind gar keinen Zugang zur Bildergeschichte, so ist es auch möglich, dieses Kind die Geschichte als Dialog aufschreiben zu lassen.

Weiterführende Anregung

Stellen Sie die Bildergeschichten in der Klasse aus oder binden Sie sie als Buch. Dieses Büchlein kann in der Leseecke aufbewahrt und bei passender Gelegenheit (z. B. bei entsprechenden Problemen oder Streitigkeiten in der Klasse) wieder zur Hand genommen werden. Es dient dann als Denkanstoß oder Gesprächsanlass.

Die Geschichte von der Wut und dem schlechten Gewissen kann auch als Rollenspiel oder Stabpuppentheater vor der Klasse aufgeführt werden.

KV Seite 34

Das wird euch noch leidtun!

Was hat diese Geschichte mit der Lektüre zu tun? Kann sie helfen, das Verhalten einiger Figuren besser zu verstehen? Kann sie helfen, das Verhalten von Mitschülern (oder mir selbst) besser zu verstehen?

Die Geschichte schildert ein Fallbeispiel aus dem Schulleben, das nur leicht abgewandelt wurde, um die Identität des Kindes zu schützen. Vielleicht gibt es auch in Ihrer Klasse so eine „Maria"?

Die Schüler lesen die Geschichte und beantworten die Fragen. Dabei versetzen sie sich in die Situation hinein, identifizieren sich mit unterschiedlichen Personen, je nachdem, welche Rolle sie selbst in der Klasse innehaben. Vielleicht erkennen sie die Situation wieder und es findet schnell eine Übertragung statt, sodass über die Klassensituation geredet wird anstatt über die Situation in der Geschichte. Das ist durchaus erwünscht und es besteht keine Notwendigkeit, auf die Geschichte zurückzukommen.

Wichtig ist es, Lösungsmöglichkeiten aufzuzeigen, die nicht darin bestehen, Maria aus der Klasse zu entfernen, sondern sie wieder zu integrieren – oder, wenn das undenkbar scheint, genau hinzuschauen, an welcher Stelle der Geschichte sich noch alles zum Guten hätte wenden lassen. Die Schüler sollen sensibilisiert werden für die Zusammenhänge zwischen Opfer und Täter, sie sollen erkennen, dass jede Aktion eine Re-Aktion hervorruft.

Veränderungen
Seite 95 bis 128

Inhalt

Klaus kommt mit einem blauen Auge in die Schule und behauptet, er hätte sich angestoßen. Dann prügelt er sich auch noch mit Bertram. Klaus hat offensichtlich nicht mehr das Sagen: Die Schüler gehorchen ihm nicht mehr und widersprechen ihm.

Bertram interessiert sich für die Mädchen in seiner Klasse. Er zeigt Michel seine Sammlung von Mädchenlocken.

Arnold versteckt sich in den Pausen. Auf dem Heimweg beobachten einige Schüler, dass er mit dem riesigen Hund spielt, vor dem alle anderen große Angst haben. Arnold wird dafür sehr bewundert. In einer Pause steht Arnold mit zwei Mädchen aus der Klasse zusammen und kichert mit ihnen.

Die Klassenlehrerin holt noch einmal die grauen Zettel hervor. Die Schüler sollen einen Satz sagen, an den sie sich erinnern, aber nicht die eigene Erfahrung. Sie erklärt, dass dies alles in ihnen stecke, und sie hofft, dass sie alle in Zukunft etwas wachsamer sein werden.

Die „schüchterne" Rita schlägt vor, als Gemeinschaftsgeschenk für die schwangere Lehrerin eine Patchwork-Decke zu häkeln. Fanny, die Klaus bisher immer bewundert und angehimmelt hat, gehorcht ihm nicht mehr. Klaus bittet Fanny um Hilfe beim Häkeln.

Michel will Arnolds Schal vom Baum im Park holen. Ein Mann hilft ihm dabei. Michel wäscht und bügelt den Schal. Er übergibt ihn Arnold und die beiden Jungen versöhnen sich.

Gesprächs- oder Schreibanlässe

Klaus kommt mit einem blauen Auge in die Schule.
- Wie erklärt er das blaue Auge?
- Wird Klaus zu Hause geschlagen, wie Michels Mutter vermutet? Was denkst du?
- Warum ist Klaus wohl so aggressiv? Stellt Vermutungen an.

Laura kichert in der Pause mit Arnold.
- Warum hat sich Laura erst für Bertram interessiert und nun für Arnold?

Rita schlägt als Gemeinschaftsgeschenk für die schwangere Klassenlehrerin eine Patchwork-Decke vor.
- Wie reagieren die Jungen darauf?
- Was könnten die Jungen der Lehrerin schenken?
- Mit welchem Geschenk könnten Jungen und Mädchen gleichermaßen einverstanden sein?

Hinweise zu den Kopiervorlagen

KV Seite 35

Veränderungen
Anhand dieses Arbeitsblatts können Sie die Textkenntnis Ihrer Schüler überprüfen. Die zweite Aufgabe ist etwas anspruchsvoller: Die Kinder zeigen an einer von ihnen ausgewählten Figur die Entwicklung im Laufe des Romans auf. Leistungsschwächere Schüler arbeiten in Gruppen zusammen.

Lösung
Aufgabe 1:

1. Klaus	3. Rita
2. Arnold	4. Michel und Arnold

KV Seite 36

Ist das Gewalt? (4)
Der Aufbau dieser Kopiervorlage ist identisch mit dem von Seite 17. Die Kinder sind also mit der Vorgehensweise bereits vertraut. Im Anschluss an das auswertende Gespräch soll hier aber noch die Definition des Begriffs „Gewalt" überprüft werden, die auf Seite 31 bzw. im Verlauf der Einheit gefunden wurde. Passt die Definition auf alle Situationen?

Beispiellösung
Aufgabe 1:
☒ Klaus kommt mit einem blauen Auge in die Schule: Klaus behauptet zwar, dass es sich um einem Unfall handelte, aber die Vermutung liegt nahe, dass der Junge geschlagen wurde.
☒ Klaus und Fanny: Klaus packt Fanny und hält sie gegen ihren Willen fest. Das Mädchen protestiert und wehrt sich dagegen.
☒ Bertram und Laura: Laura ist nicht gerade begeistert, dass Bertram ihre Haare zwischen seinen Fingern eindreht.
☒ Schwäne im Park: Zwei Männchen kämpfen um ein Revier oder ein Weibchen.
☐ Klaus und Frank: Die beiden Jungen boxen und schubsen sich freundschaftlich.
☐ Bertram und Michel: Sie rempeln sich freundschaftlich an.
☒ Die Erinnerung des Mannes: Der Mann erzählt von seiner Kindheit, in der er brutal geschlagen wurde, weil er seine Handschuhe verloren hatte.

KV Seite 37

Woran erinnerst du dich?
Das Blatt knüpft zunächst an Gewaltszenen aus der Lektüre an. Dann sollen die Schüler – ähnlich wie die Kinder in der Lektüre – über ihre eigenen „grauen Zettel" (vgl. Seite 32) nachdenken. Überlegen Sie mit den Kindern, ob es Schilderungen von Gewalterfahrungen von Mitschülern gab, die niemand genannt hat. Falls ja: Welche waren das? Wie kommt es, dass diese Erfahrungen nicht genannt wurden?

KV Seite 38

Das alles steckt in uns
Die Schüler lesen zunächst die beiden Zitate, suchen sie in der Lektüre und betten sie in den Zusammenhang ein. Die Zitate bei Aufgabe 3 liest jedes Kind für sich alleine. Nachdem jeder eines ausgewählt hat, stellen die Schüler, die möchten, ihr Zitat vor und erklären mündlich, warum sie dieses gewählt haben. Dieses Gespräch kann mit der gesamten Lerngruppe oder in Gruppenarbeit stattfinden.

Alternativ kann die Begründung auch auf die Rückseite des Arbeitsblatts oder ins Heft geschrieben werden, z. B. als Hausaufgabe.

Lösung
Aufgabe 1:
Michels Vater
Frau Hafner

KV Seite 39

Was ist Mut?
Die Kinder leisten zunächst Textarbeit, indem sie die Zitate in der Lektüre suchen und in den Zusammenhang einbetten. Danach beschäftigen sie sich mit dem Inhalt: Sie denken darüber nach, was für sie Mut bedeutet. Ihre Schüler können zu unterschiedlichen Ein-

schätzungen kommen. Wichtig ist, dass sie ihre Meinung begründen.

Formulieren Sie abschließend gemeinsam mit der ganzen Klasse eine Definition von „Mut“. Als Hausaufgabe schreiben die Kinder ein eigenes Erlebnis auf: „Als ich einmal mutig war ...“

KV Seite 40

Klaus
Die Kinder arbeiten in Kleingruppen zusammen. Sie betten die Szenen mündlich in den Textzusammenhang ein. Im Zweifel lesen sie noch einmal in der Lektüre nach. Dann spielen sie die Szenen nach und versetzen sich dabei jeweils in die Rolle der verschiedenen Figuren. Einen Satz am Platz vorzulesen, ist etwas ganz anderes, als ihn vor einer Gruppe zu sprechen, während man eine passende Körperhaltung einnimmt. Das erfahren die Kinder hier am eigenen Leib.

KV Seite 41

Außenseiter oder Anführer?
Woran erkennt man einen Anführer, einen Außenseiter, einen Mitläufer? Ist es die Kleidung, das Auftreten, die Sprache, das gesamte Verhalten? Diesen Fragen sollen die Schüler hier genauer nachgehen. Sie stellen fest, dass das Aussehen letztlich nicht entscheidend ist, sondern das Auftreten. Ohne Worte spielen die Kinder ihre kleinen ausgedachten oder aus dem Buch entnommenen Szenen vor – und doch werden ihre Mitschüler einen Anführer ausmachen können. Welche Figur tritt am selbstbewusstesten auf? Welcher Figur folgen die anderen, wer steht am Rand?

Wie fühlen sich Ihre Schüler in den verschiedenen Rollen? Was „macht es mit ihnen“, in die Rollen zu schlüpfen? Diesen Fragen können Sie beim Reflexionsgespräch am Ende der Stunde gemeinsam nachspüren.

KV Seite 42

Bertrams Sammlung
Die Kinder überlegen, wie Bertram wohl auf Michels Fragen reagiert hätte. Sie stellen ihre Arbeitsergebnisse vor und kommen miteinander ins Gespräch. Was denken Ihre Schüler über Bertrams Sammlung? Warum sammelt er Mädchenlocken? Warum verwendet er dafür eine besondere Schere? Ist es ok, was Bertram macht? Ist es Gewalt, Mädchen ungefragt eine Locke abzuschneiden?

KV Seite 43

Arnolds Schal
Arnolds Schal spielt eine wichtige Rolle in der Geschichte. Der Schal wärmt und schützt Arnold, er stellt ein Stück Heimat und Geborgenheit dar. Ohne seinen Schal ist Arnold schutzlos, ausgeliefert, nackt. Indem Michel Arnold seinen Schal zurückbringt, gibt er ihm ein Stück Sicherheit und Geborgenheit zurück, bietet ihm Schutz an. Für Michel stellt Arnolds Schal vor allem eine Chance zur Wiederannäherung und Wiedergutmachung dar.

Der Schal hat ein großes Loch bekommen, das nicht mehr zu flicken ist. Die Erinnerung an das Erfahrene bleibt. Es wird nicht wieder so sein, wie es vorher war. Arnold kann vielleicht wieder lernen, sich sicher zu fühlen, zu vertrauen, kann wieder Freundschaften schließen, aber er wird vorsichtiger bleiben als vor den Gewalterfahrungen.

Bevor sie das Blatt austeilen, können Sie mit der Klasse im Gesprächskreis zu diesem Thema arbeiten. Bringen Sie einen langen Wollschal mit, den Sie in die Mitte auf den Boden legen. Die Kinder äußern sich spontan zu den Fragen: Wie ist ein Schal? Warum trägt man einen Schal? Wie fühlt man sich an einem Wintertag mit einem Schal? Die Antworten werden stichwortartig von Ihnen oder von den Kindern auf Karteikarten geschrieben und auf den Schal gelegt.

Legen Sie nun ein großes Stück schwarze Pappe auf den Schal: Der Schal hat ein Loch. Woran erinnert das die Schüler? (→ Das ist Arnolds Schal.) Wofür steht das Loch? Woran erinnert es? „Man kann nie mehr hinter eine Erfahrung zurück, die man einmal gemacht hat.“ Was soll das bedeuten? Schilderungen von eigenen Erfahrungen sind hier willkommen, die Kinder müssen nicht bei der Geschichte bleiben.

Das Arbeitsblatt kann nach dieser Einführung als Vertiefung und zur Sicherung der Ergebnisse dienen.

Weiterführende Anregung
Als Hausaufgabe können die Kinder einen Schal auf ein Blatt zeichnen und ihn für sich selbst beschriften. Diesmal ist es ihr eigener Schal, es geht um ihre Erlebnisse:
- Was wärmt mich? Was schützt mich? Was gibt mir Halt, Sicherheit und Geborgenheit?
- Wofür steht in meinem Leben das Loch im Schal? Mit welchen Erfahrungen muss ich weiterleben?
- Wie gehe ich damit um? Wer kann mir dabei helfen?

Ihre Gedanken dazu müssen die Schüler nicht der Klasse vorstellen. Sie äußern hier sehr private Gedanken, die sie nicht mit jedem zu teilen brauchen.

KV Seite 44

Erziehung früher – heute
Früher war es normal, dass Kinder von ihren Eltern geschlagen wurden. Der Mann im Park kennt es nicht anders. Auch heute gibt es physische Gewalt noch in vielen Familien. Seien Sie darauf gefasst, dass Kinder von häuslicher Gewalt berichten (oder diese erleben, ohne davon zu berichten).

Besprechen Sie mit den Schülern, dass Kinder ein Recht auf gewaltfreie Erziehung haben – in der Schule, zu Hause und überall. Falls Sie das Thema „Schule früher – heute“ bereits behandelt haben, können Sie daran anknüpfen.

Nachdem die Kinder die Begegnung von Michel mit dem Mann im Park in der Lektüre nachgelesen haben, berichten sie von eigenen Erfahrungen. Anschließend forschen sie (allein, mit einem Partner oder in der Gruppe) im Internet, in der Bücherei oder befragen ihre Eltern, um Antworten auf die Fragen zu finden. Ihre Schüler sind vielleicht überrascht, dass die Prügelstrafe noch gar nicht so lange abgeschafft ist und dass ältere Leute noch von eigenen Erfahrungen berichten. Es ist aber auch denkbar, dass einige Kinder in Ihrer Klasse erstaunt darüber sind, dass ihre Eltern sie nicht schlagen dürfen.

Lösung

Aufgabe 2:

Körperliche und seelische Misshandlungen von Kindern sind in der Erziehung in Deutschland seit 1998 verboten. Im November 2000 wurde § 1631 Abs. 2 BGB durch das Gesetz zur Ächtung von Gewalt in der Erziehung so gefasst: „Kinder haben ein Recht auf gewaltfreie Erziehung. Körperliche Bestrafungen, seelische Verletzungen und andere entwürdigende Maßnahmen sind unzulässig.“

Per Gesetz wurde an Schulen die Körperstrafe wie folgt abgeschafft: 1949 in der DDR, 1973 in der BRD, 1980 in Bayern.

Weiterführende Anregung

Besprechen Sie das Thema „Kinderrechte“ ausführlich. Informationen finden Sie im Internet z. B. unter: *www.unicef.de/informieren/ueber-uns/fuer-kinderrechte.*

Denken Sie gemeinsam mit der Klasse darüber nach, warum die Prügelstrafe abgeschafft wurde.

- Warum sollen sich Kinder untereinander nicht schlagen?
- Warum sollen Erwachsene Kinder nicht schlagen?
- Warum sollen sich Erwachsene untereinander nicht schlagen?

Nach der Lektüre

Gesprächs- oder Schreibanlass

In der Geschichte ist Arnold das Opfer von Gewalt geworden. Keiner hat ihm geholfen.

- An wen hätte er sich wenden können?
- Wovor können Eltern / Schule / Polizei Kinder beschützen? Wovor können sie nicht schützen?
- Wie kannst du vorgehen, wenn du Opfer von Gewalt geworden bist oder Gewalt beobachtet hast?

Hier können Sie individuell auf die Situation Ihrer Schule eingehen, z. B.: Die Kinder können sich an Streitschlichter wenden, an Vertrauenslehrer, Situationen im Klassenrat besprechen, anonym Probleme im Beschwerdebuch oder Klassenbriefkasten schildern.

KV Seite 45

Das alles bin ich

Die Kinder machen sich bewusst, dass jeder Stärken und Schwächen hat, indem sie die Felder auf dem Arbeitsblatt ausfüllen. In das leere Kästchen können Dinge geschrieben werden, die den Kindern noch wichtig sind, die aber nicht erwähnt wurden. Wenn Sie das Blatt auf DIN A3 kopieren, haben die Schüler mehr Platz zum Schreiben. Ihre Ergebnisse müssen die Kinder nicht vorstellen, es ist ihr ganz persönliches Blatt. Sie teilen die Informationen nur mit Schülern, denen sie sich anvertrauen möchten.

Der Eingangssatz kann als Impuls für eine Diskussion dienen. Wenn ich in der Klasse ein Außenseiter bin, kann ich trotzdem woanders der Anführer sein – und umgekehrt. Falls die Kinder einen Denkanstoß benötigen, können Sie auch eine kleine Geschichte erzählen – hier zwei Beispiele:

- In der Klasse ist Ari eine Außenseiterin, weil sie so schüchtern ist und die deutsche Sprache noch nicht so gut spricht. Aber beim Chor hat sie die schönste Stimme und die besten Ideen, welche Lieder und welche Kleider sich gut für die nächste Aufführung eignen. Beim Chor organisiert Ari alles, dort fühlt sie sich wohl.
- In der Schule gerät Rasmus oft in Streit. Er wird schnell wütend, wenn etwas nicht so läuft, wie er es sich vorstellt. Zu Hause kümmert er sich ganz toll um seine kleinen Geschwister, denn seine Eltern müssen oft lange arbeiten. In seinem Fußballverein ist er der beste Torwart. Er lässt fast keinen Ball ins Tor.

KV Seite 46–48

Michels Weg

Bei dem Würfelspiel gehen die Schüler alle Orte ab, die in der Lektüre eine wichtige Rolle spielen. Durch die Beantwortung der Fragen wiederholen die Kinder wesentliche Handlungselemente.

Wenn Sie sicherstellen möchten, dass die Schüler die Antworten nicht ablesen, können Sie einen Spielleiter einsetzen, der die Fragen vorliest und die Antworten kontrolliert. Oder Sie übernehmen diese Aufgabe selbst.

Weitere Unterrichtsvorschläge

Unternehmen Sie mit Ihrer Klasse Gruppenaktivitäten, die die Gemeinschaft stärken und in denen jeder die Möglichkeit bekommt, sich von einer anderen Seite zu zeigen. In der Altersgruppe Ihrer Schüler ist zum Beispiel Klettern (in einer Halle oder im Kletterwald) beliebt. Aber auch auf dem Pausenhof oder in der Turnhalle können Sie Spiele durchführen, die die Gemeinschaft stärken, wie z. B.

- Blindenführung: Bauen Sie einen Parcours mit verschiedenen Hindernissen auf. Ein Kind bekommt die Augen verbunden, das Partnerkind führt es über den Parcours und achtet darauf, dass es nirgendwo anstößt.
- Wasserstaffel: Bilden Sie zwei Teams und stellen Sie für jedes mit etwas Abstand einen leeren Eimer und einen mit Wasser gefüllten Eimer auf. Die Mitspieler stellen sich jeweils hintereinander auf und versuchen nacheinander, mit einem Löffel das Wasser von dem vollen Eimer in den leeren Eimer zu transportieren. Nach einer vorgegebenen Zeit wird gemessen, welches Team mehr Wasser in den Eimer transportiert hat.
- Papierflieger: Bilden Sie mehrere Gruppen. Jedes Team bastelt – am besten mit verschiedenfarbigem Papier – fünf Papierflieger und lässt sie nacheinander fliegen. Anschließend werden pro Gruppe die Flugweiten der Papierflieger addiert.
- Buchstabensalat: Schreiben Sie die einzelnen Buchstaben eines Wortes oder Wörter eines Satzes auf kleine Zettel und verstecken Sie sie im Klassenzimmer oder draußen innerhalb eines begrenzten Gebiets. Die Schüler sammeln die Zettel ein und setzen sie zu einem Wort oder Satz zusammen. Wenn Sie verschiedenfarbige Zettel verstecken, können mehrere Gruppen gleichzeitig suchen.
- Schaukeln: Ein Mitspieler sitzt auf einer Schaukel. Dem Kind werden Gegenstände zugeworfen, die es in ein Ziel (z. B. eine Wanne) weiterwerfen muss.
- Murmeln rollen: Mehrere Murmeln pro Team müssen in ein Ziel gerollt werden. Als Ziel dient ein Brett mit verschieden großen Öffnungen und unterschiedlichen Punktangaben.
- Seilspringen: Ein Seil wird im Kreis geschwungen und die anderen Mitglieder der Gruppe müssen über das Seil springen. Wie viele Seilrunden schafft das Team?
- Seifenblasen-Rallye: Die Mitspieler jedes Teams müssen Seifenblasen über eine bestimmte Strecke blasen. Immer an der Stelle, wo die Seifenblase zerplatzt, macht der Spieler eine neue Seifenblase und versucht diese in Richtung Ziel zu blasen. Welches Team ist das schnellere und geschicktere?

Weitere Lektüren zum Thema „Gewalt / Ausgrenzung“

Ab 3. Klasse

- Färber, Werner: Auf dem Schulweg erpresst. Hase und Igel Verlag 2008.
- Le Huray, Judith: Monsterboy. Hase und Igel Verlag 2018.
- Reider, Katja: Ganz geheim! Hase und Igel Verlag 2014.
- Reider, Katja: Tom in der Tinte. Hase und Igel Verlag 2011.
- Zeevaert, Sigrid: Josh ist mein Freund. Hase und Igel Verlag 2019.

Ab 4. Klasse

- van Hooft, Mieke: Der Taschendieb. Hase und Igel Verlag 1999.
- Zöller, Elisabeth: Und wenn ich zurückhaue? Carlsen Verlag 2004.

Ab 5. Klasse

- Philipps, Carolin: Cäsars Streberladen. Hase und Igel Verlag 2006.
- Philipps, Carolin: Die Mutprobe. Hase und Igel Verlag 2001.
- Philipps, Carolin: Martin unter Druck. Hase und Igel Verlag 2004.
- Thor, Annika: Ich hätte Nein sagen können. Beltz & Gelberg 2008.

Unterrichtsmaterial zum Thema „Konflikte“

- Niederstraßer, Tanja: Konflikte in der Grundschule – erkennen, lösen, vermeiden. Hase und Igel Verlag 2011.

Name:

lesen **schreiben** malen/basteln rätseln sprechen vorspielen

Rollenspiel: 1.

Wer spricht hier?

Wer sagt das? Finde die Zitate im Buch. Schreibe die Namen der Personen und die Seitenzahlen auf.

Lies auf den Seiten 5 bis 31 nach.

Vielleicht überlegt ihr einmal, dass zu einem Unrecht zu schweigen, gerade so viel ist, als hätte man mitgetan.

______________________ (Seite _____)

Du weißt ja, wenn du ein Wort sagst, bist du dran.

______________________ (Seite _____)

Nach der Schule im Park.

______________________ (Seite _____)

Wer könnte die folgenden Sätze sagen? Finde die Textstellen im Buch und schreibe die Namen der Personen und die Seitenzahlen auf.

Klaus und Bertram haben meinen Kopf in die Kloschüssel gesteckt.

______________________ (Seite _____)

Bertram hat mich gefragt, ob ich zu ihnen gehören möchte.

______________________ (Seite _____)

Name:

lesen schreiben malen/basteln rätseln **sprechen** vorspielen

Ist das Gewalt? (1)

Das Buch trägt den Untertitel: „Eine Erzählung zum Thema ‚Gewalt in der Schule'". Wo findest du im ersten Abschnitt Gewalt?

Kreuze die Situationen an, in denen deiner Meinung nach Gewalt angewendet oder erfahren wird.

- ☐ Klaus, Bertram und Arnold in der Schultoilette (Seite 5 bis 7)
- ☐ Kunstunterricht bei Frau Rode (Seite 9 bis 12)
- ☐ Diktat bei der Vertretungslehrerin (Seite 13/14)
- ☐ Klaus, Bertram, Fanny und Arnold im Park (Seite 14 bis 19)
- ☐ Michel und seine Eltern (Seite 20 bis 22)
- ☐ Michels Schulweg (Seite 25/26)
- ☐ Bertram und Michel in der Garderobe (Seite 27 bis 31)

Vergleicht eure Einschätzungen miteinander. Begründe, warum du diese Situation angekreuzt oder nicht angekreuzt hast.

Es gibt kein „richtig" oder „falsch". Sprecht miteinander darüber, wenn ihr eine unterschiedliche Wahrnehmung der Situation habt.

Wer hat hier Angst? (1)

Male die Personen an, die im ersten Abschnitt Angst haben. Schreibe auf, wovor sie Angst haben.

Lies auf den Seiten 5 bis 31 nach.

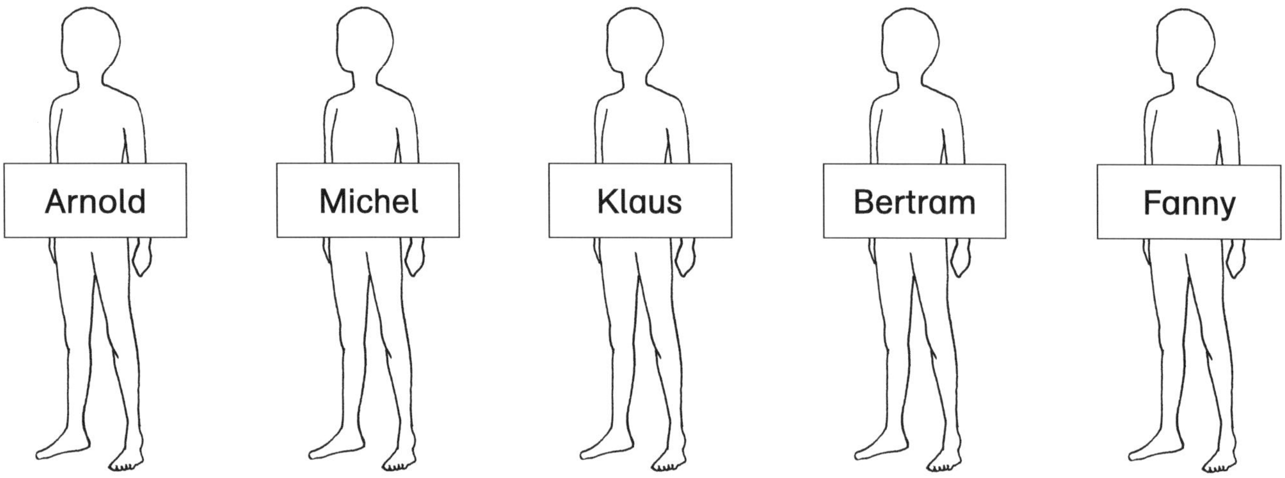

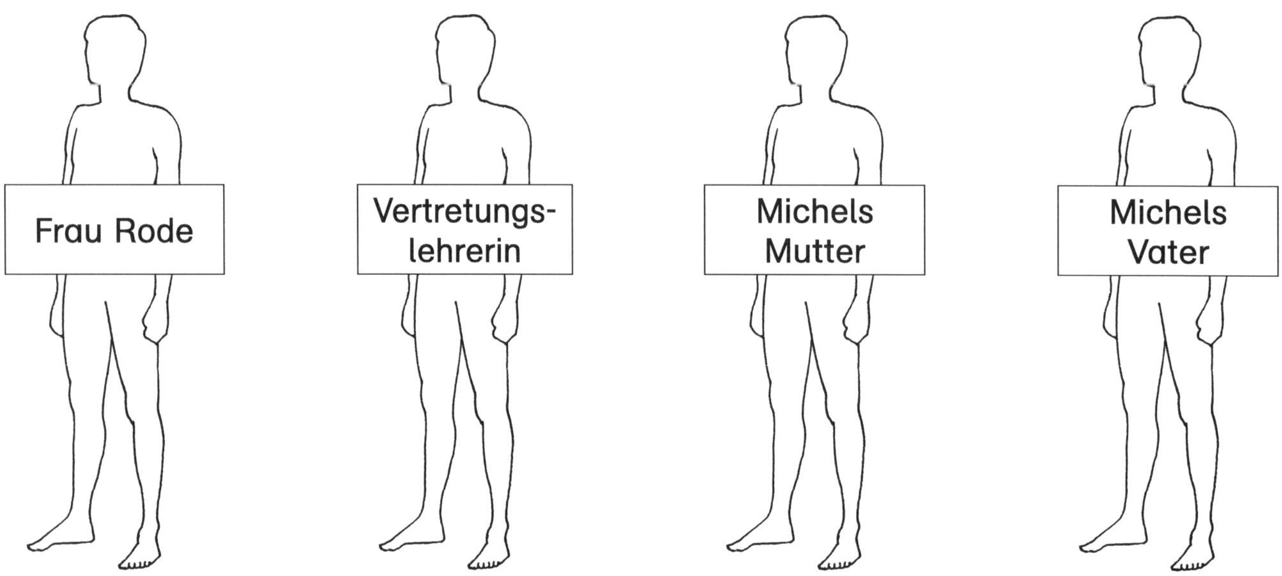

Sonst bist du dran!

Wer sagt diesen Satz? Zu wem wird dieser Satz gesagt? Warum?

Wenn du ein Wort sagst, bist du dran.

Schreibe eine Drohung auf, die du schon einmal gehört oder selbst gesagt hast.

Wie könntest du auf diese Drohung reagieren?

Habe ich eine Wahl?

Suche dir ein Zitat aus. Wer sagt das zu wem, in welcher Situation? Überlege dir einen anderen Fortgang der Geschichte. Sprecht im Gesprächskreis darüber.

„Zu einem Unrecht zu schweigen, ist gerade so viel, als hätte man mitgetan."

Was wäre gewesen, wenn …

- Arnold auf der Toilette um Hilfe geschrien hätte, als der Lehrer kam?
- Michel die Spucke ausgespuckt oder geschluckt hätte und etwas gesagt hätte auf der Toilette?
- Michel dem Lehrer, der in die Toilette kam, hinterhergelaufen wäre, um ihm zu berichten?
- Michel ______________________________?

„Wenn du ein Wort sagst, bist du dran."

Was wäre gewesen, wenn …

- Michel sich im Park für Arnold eingesetzt hätte?
- Michel seinen Eltern alles berichtet hätte, als er aus dem Park heimkam?
- Michel ______________________________
  ______________________________?

„Willst du zu uns gehören?"

Was wäre gewesen, wenn …

- Michel NEIN gesagt hätte?
- Michel ______________________________
  ______________________________?

„Nach der Schule im Park."

Was wäre gewesen, wenn …

- Michel nicht hingegangen wäre?
- Michel einen Erwachsenen mit in den Park gebracht hätte?
- Michel ______________________________?

Name:

lesen | schreiben | malen/basteln | rätseln | sprechen | vorspielen

Wer war das?

Lies den Lückentext. Setze die fehlenden Namen ein.

Lies auf den Seiten 31 bis 71 nach.

Die Jungen quälen ________________ im Park. ________________ macht vor Angst in die Hose. ________________ schreit mit den anderen, weil er Angst vor ________________ hat. ________________ wirft den Schal von ________________ in den Baum.

________________ wird von einem fremden Mann beschuldigt, die Mülltonnen im Hausflur ausgeleert zu haben.

Zu Hause sieht ________________ auf allen Wänden einen Film, der die Ereignisse im Park zeigt.

In der Nacht wacht ________________ auf und hat Angst. Er denkt: Morgen machen sie mit mir alles, was sie ________________ angetan haben.

Auf dem Parkplatz gibt ________________ ________________ Gras zu fressen.

________________ schlägt auf ________________ ein.

________________ wird beschuldigt, Spiegel und Antennen von den Autos abgebrochen zu haben.

________________ beichtet seinen Eltern alles, was passiert ist.

Name:

lesen | schreiben | malen/basteln | rätseln | sprechen | vorspielen

Ist das Gewalt? (2)

Das Buch trägt den Untertitel „Eine Erzählung zum Thema ‚Gewalt in der Schule'“. Wo findest du im zweiten Abschnitt (Seite 31 bis 71) Gewalt?

Schreibe Situationen auf, in denen deiner Meinung nach Gewalt angewendet wird. Notiere auch die Seitenzahlen.

Vergleicht eure Ergebnisse miteinander. Begründe, warum du diese Situation aufgeschrieben oder nicht aufgeschrieben hast.

Es gibt kein „richtig“ oder „falsch“. Sprecht miteinander darüber, wenn ihr eine unterschiedliche Wahrnehmung der Situation habt.

Spielt die Situationen nach, bei denen ihr euch nicht einig seid, ob es sich dabei um Gewalt handelt oder nicht.

Sprecht nun wieder über diese Situationen: Hat sich eure Wahrnehmung durch das darstellende Spiel verändert?

Name:

Wer hat hier Angst? (2)

Male die Personen an, die in diesem Abschnitt Angst haben. Schreibe auf, wovor sie Angst haben.

Lies auf den Seiten 31 bis 71 nach.

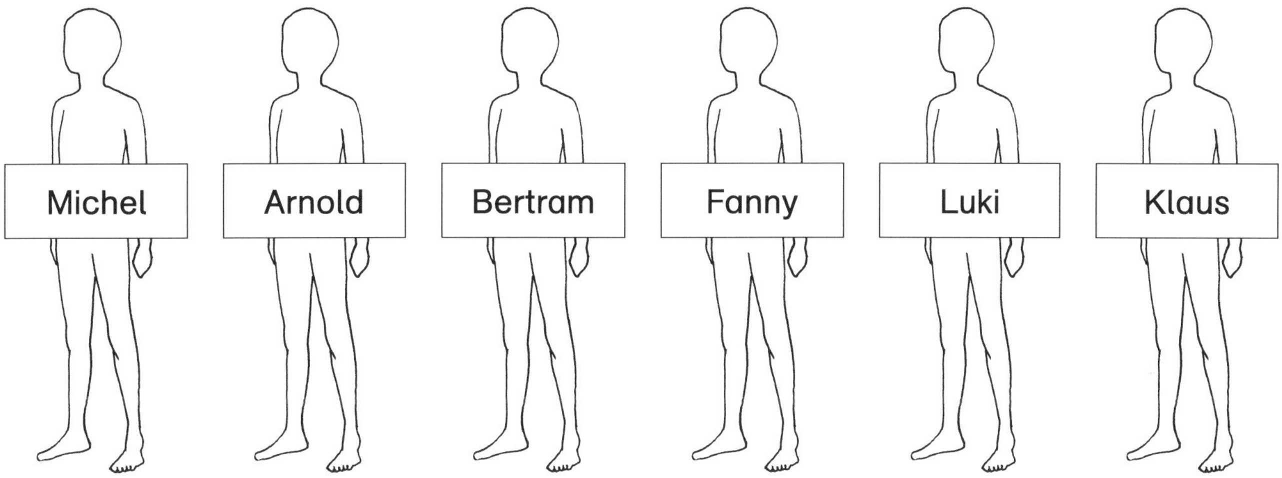

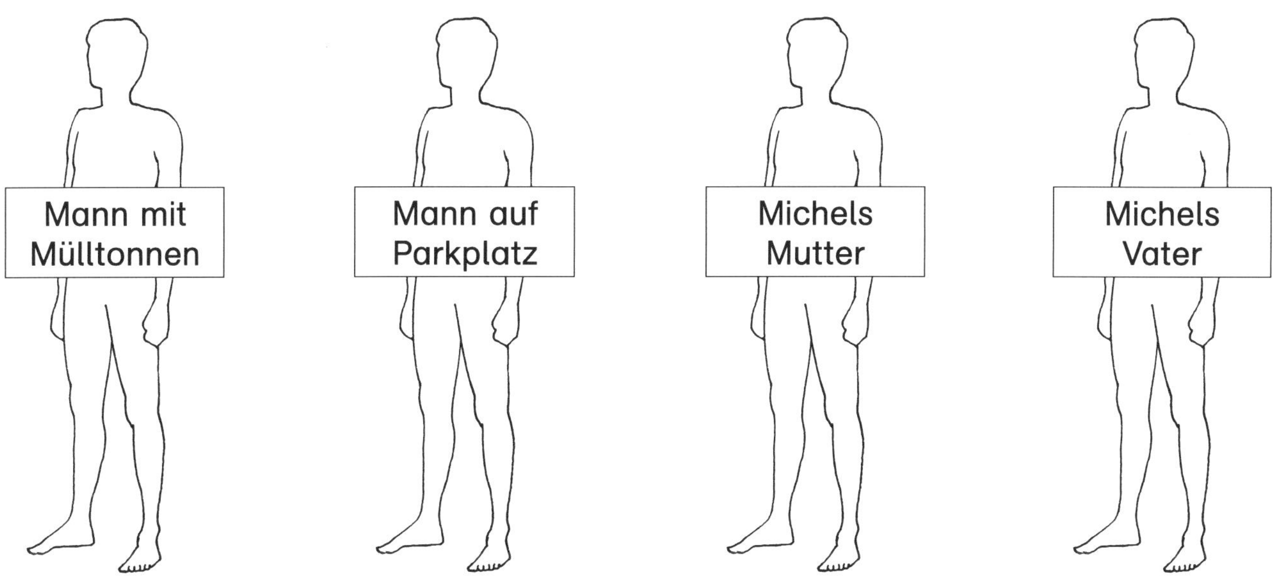

Name:

Die Angst in mir

Erinnerst du dich an eine Situation, in der du große Angst hattest?
Wie fühlt sich das an?

Wo spürst du die Angst in deinem Körper? Schreibe an die passenden Körperteile. Die Begriffe können dir helfen.

- Bauchweh
- trockener Mund
- nicht schlucken können
- feuchte Hände
- Ohrensausen
- weinen
- in die Hose machen
- Druck hinter den Augen
- nicht sprechen können
- Übelkeit
- blass sein
- sich nicht bewegen können
- nicht denken können
- sich nicht konzentrieren können
- Herzklopfen
- schreien
- nicht schlafen können

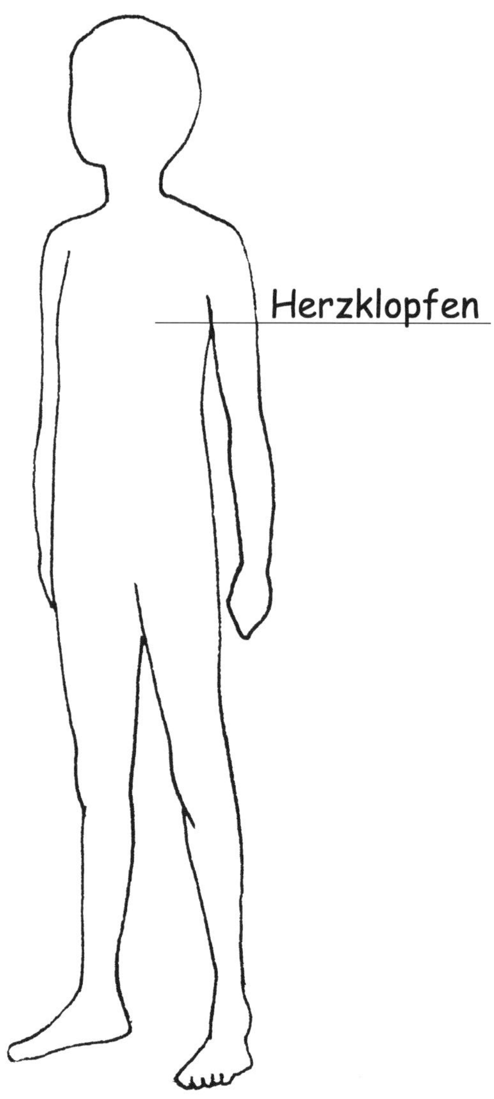

Name: ______________________

lesen **schreiben** malen/basteln rätseln sprechen vorspielen

Warum eigentlich Arnold?

Suche die beiden Zitate in der Lektüre. Welche Antworten gibt Michel?

Seite 30:

„Warum eigentlich Arnold?“
„Warum nicht Arnold?“, fragte Bertram.
„Oder magst du ihn vielleicht?“

Michel: ______________________

Seite 35:

„Warum denn der Arnold?“, fragte er schließlich.
Luki zuckte mit den Schultern. Als sie schon vor seinem Haus standen, sagte er: „Warum nicht der Arnold?“
Das war anscheinend die einzige Antwort, die Michel bekommen würde.
„Oder willst du mit ihm tauschen?“, fragte Luki freundlich.

Michel: ______________________

____

Wie hätte Michel anders antworten können? Wie wäre die Geschichte dann weitergegangen?

____

____

____

____

____

____

____

Was hätte ich denn tun können?

„Ebendeswegen brachte er lautlos weitere Entschuldigungen vor, eine nach der anderen, sie spritzten in seinem Kopf herum wie viele kleine Pfeile." (Seite 65)

Schreibe auf die Pfeile Entschuldigungen.

Sie hätten mich genauso verprügelt.

Ich kann doch nichts dafür, ich ______________________

____

____

____

____

____

____

____

Name:

lesen **schreiben** malen/basteln rätseln **sprechen** vorspielen

Rollenspiel: 1.

Wozu bin ich fähig?

Lest die Textauszüge. Sprecht darüber, warum die Person jeweils wütend ist.

„Dass ich dich lieb habe, das weißt du. Aber es hat Zeiten gegeben, wo du gebrüllt hast und nicht aufhören wolltest, was ich auch tat, du warst trocken, du warst satt, du hattest keine Schmerzen, soweit ich sehen konnte, aber du hast gebrüllt die halbe Nacht lang. Da hatte ich eine solche Wut auf dich, das kann sich kein Mensch vorstellen. Ich hätte dich aus dem Fenster werfen mögen." (Seite 68)

Der Blick traf Michel irgendwo tief innen, aber plötzlich packte ihn eine ungeheure Wut. Mit einer Hand riss er Arnolds Kinn nach unten, mit der anderen stopfte er ihm das Gras in den Mund. (Seite 53)

Kennst du das Gefühl, so wütend zu sein, dass du nicht mehr klar denken kannst? Schreibe eine solche Situation auf.

Manchmal, wenn ______________________________

____

dann würde ich am liebsten ______________________________

____

Wie kannst du deine Wut loswerden, ohne jemanden zu verletzen? Sammelt in Kleingruppen Vorschläge und schreibt sie auf.

____

____

____

Wutkissen

Bastle ein Wutkissen. Du kannst es boxen, gegen die Wand werfen oder hineinschreien, wenn du wütend bist. So wirst du deine Wut vielleicht los.

Du brauchst:

- ein T-Shirt, aus dem du herausgewachsen bist
- Stoffmalfarben
- Nadel und Faden
- Füllmaterial, z. B. ein kleines Kissen, Füllwatte, Styroporkügelchen, Dinkelspelzen, Schaumstoffstückchen

So geht's:

1. Bemale dein T-Shirt mit Stoffmalfarben, z. B. knallrot, mit einem wütenden Gesicht oder mit einem wilden Muster.
2. Nähe die Ärmel und den Halsausschnitt mit Nadel und Faden zu.
3. Befülle das T-Shirt mit dem Füllmaterial.
4. Nähe dein T-Shirt unten zu.

Name:

lesen **schreiben** malen/basteln rätseln sprechen **vorspielen**

Wenn ich du wäre …

Wählt eine der folgenden Situationen aus dem Buch aus und spielt sie in Kleingruppen nach. Tauscht die Rollen, bis jeder jede Rolle einmal gespielt hat.

Seite 5 bis 7:
Michel, Arnold, Klaus und Bertram auf der Schultoilette

Seite 14 bis 19:
Michel, Arnold, Klaus, Bertram und Fanny im Park

Seite 32 bis 35:
Michel, Arnold, Klaus, Bertram, Fanny und Luki im Park

Seite 49 bis 54:
Michel, Arnold, Klaus und Bertram auf dem Parkplatz

Beantwortet jetzt (jeder für sich) folgende Fragen.

1. Welche Rolle hat dir am besten gefallen? Warum?

____

____

2. Welche Figur konntest du am besten verstehen? Warum?

____

____

____

____

Wenn ihr das nächste Mal einen Streit klärt, versucht einmal, euch in den anderen hineinzuversetzen. Fragt euch: Wie hat sich der andere wohl gefühlt, als ich das gesagt oder getan habe?

Kreuzworträtsel

Löse das Rätsel. Die grau unterlegten Buchstaben ergeben das Lösungswort.

Lies auf den Seiten 71 bis 95 nach.

1. … denkt, dass er zu leicht weggekommen ist.
2. Vor der Schule steht ein …
3. Stuhlkreis mit Frau Hafner: Die Schüler berichten über …
4. Die Schüler schreiben auf graue …, wann sie Gewalt ausgeübt oder erfahren haben.
5. An diesem Tag dürfen die Schüler im Sportunterricht kein … spielen.
6. In der Sportumkleide: Arnold nimmt Michels … nicht an.
7. Michel versucht, einen … an Arnold zu schreiben.
8. … und schlechtes Gewissen wohnen nicht friedlich zusammen.
9. Frau Hafner: „Mir sind bei euren Erfahrungen ganz viele eigene … durch den Kopf gegangen."
10. In der Garderobe wird Michel geschubst. … fängt ihn auf.

Lösungswort:

1	2	3	4	5	6	7	8	9	10

Name:

Ist das Gewalt? (3)

Im Buch wird viel von Gewalt berichtet. Was gehört alles dazu? Ergänze das Gedankennetz.

Tipp: Unterscheidet verschiedene Formen von Gewalt, z. B. körperliche Gewalt und psychische Gewalt. Ist eine Bedrohung auch schon Gewalt?

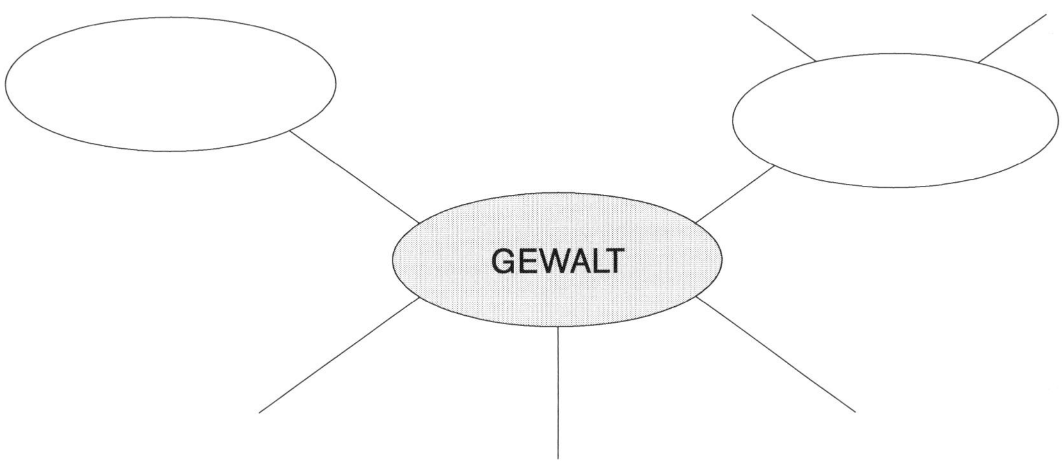

Versuche, eine Definition von „Gewalt“ zu finden. Ergänze den Satz.

Gewalt ist ______________________________

____

____

____

Unsere grauen Zettel

Wann hast du Gewalt ausgeübt oder erfahren? Schreibe auf. Du musst deinen Namen nicht nennen. Gib den Zettel deiner Lehrerin oder deinem Lehrer.

Name:

Wut und schlechtes Gewissen

„Wut und schlechtes Gewissen konnten gleichzeitig in einem wohnen, stellte Michel fest. Aber sie wohnten nicht friedlich zusammen." (Seite 84)

Überlege: Wie sieht die Wut aus? Welche Farbe hat sie? Welche Form? Wie sieht das schlechte Gewissen aus? Welche Farbe hat es? Welche Form? Male.

Wut	schlechtes Gewissen

Denke dir eine Geschichte aus. Die Hauptpersonen sind „die Wut" und „das schlechte Gewissen". Den Anfang findest du hier. Wie geht es weiter? Schreibe und male eine Bildergeschichte auf ein Blatt.

Die Wut und das schlechte Gewissen

Die Wut und das schlechte Gewissen wohnten beide in Michel. Aber sie wohnten nicht friedlich zusammen.
Die Wut sagte: „Was machst du denn hier, schlechtes Gewissen?"
Die Wut wurde immer größer, sobald sie das schlechte Gewissen sah.
Das schlechte Gewissen rief: „Geh weg, Wut, du hast hier nichts zu suchen!"
Die Wut antwortete: „Ich bin hier, weil Michel …

Name:

Das wird euch noch leidtun!

Lies die Geschichte.

Es war einmal ein Mädchen, das war ein bisschen dick und ein bisschen ungeschickt beim Klettern und Rennen. Niemand mochte neben ihm sitzen und in den Pausen wollte niemand mit ihm spielen. Deshalb weinte es oft, aber niemand achtete darauf. Und wenn es jemandem auffiel, dann hieß es nur: „Ach die, jetzt heult die schon wieder!“

Maria, so hieß das Mädchen, konnte sich ganz tolle Geschichten ausdenken. Sie malte wunderschöne Bilder und beim Basteln war kaum jemand so geschickt wie sie. Das merkte aber niemand, weil niemand mit ihr spielte.

Nach und nach verwandelte sich Marias Traurigkeit in Wut. Je mehr die anderen sie ausschlossen und auslachten, desto wütender wurde Maria. Das wird euch noch leidtun!, dachte sie immer häufiger. Sie begann, sich zu wehren, und schließlich griff sie selbst die anderen Kinder an.

Nach einem Jahr war Maria die heimliche Anführerin geworden. Alle Kinder hatten Angst vor ihr. Wütend ging sie auf jeden los, der ihr in den Weg kam. Sie hatte nun etliche Mädchen um sich geschart, die ihr folgten, um nicht selbst Opfer zu werden.

Nach jeder Pause hagelte es Beschwerden über Maria und auch im Unterricht quälte sie ihre Mitschüler, wo sie nur konnte. Es war ihr egal, ob die Lehrer das merkten oder nicht.

Manchmal ging sie auch lächelnd mit einem anderen Mädchen zusammen über den Flur und nur am gequälten Gesicht ihrer „Partnerin“ konnte man erkennen, dass Maria ihr hinter dem Rücken den Arm verdrehte und sie „abführte“.

Das geht so nicht weiter, dachten nun viele. Was ist das nur für ein böses Mädchen? Immer mehr Eltern und auch Lehrer forderten: Maria muss die Klasse verlassen und auf eine andere Schule gehen.

Eine andere Lösung gibt es doch wohl nicht, oder?

Bearbeite die Aufgaben.

- Warum ist Maria so böse? ______________________________

____

- Hätte das Schuljahr für Maria auch anders verlaufen können? ______________________________

____

____

- Wie könnte die Geschichte weitergehen? Schreibe in dein Heft.

Name:

lesen **schreiben** malen/basteln rätseln sprechen vorspielen

Veränderungen

Am Schluss der Geschichte hat sich viel verändert. Um welche Kinder geht es hier? Schreibe die Namen auf.

Lies auf den Seiten 95 bis 128 nach.

1. Nie hatte jemand so mit ________________ gesprochen.

   In all den Jahren nicht.

   „Der spinnt schon länger“, bestätigte Luki.

   „Aber nicht nur er allein“, ergänzte Robert.

2. „Wahnsinn“, sagte Laura. „Der traut sich was.“

   Laura spricht über ________________.

3. Die hatte ja alles fest im Griff. […] Und das sollte die schüchterne,

   zurückhaltende ________________ sein! Niemand widersprach ihr.

4. Nebeneinander gingen sie ins Schulhaus, stießen in der Tür mit den Schultern aneinander und lachten den ganzen Weg bis zum Klassenzimmer.

   Von welchen beiden Kindern ist hier die Rede?

   ____

Such dir eines der Kinder aus. Beantworte die Fragen in deinem Heft.

- Wie hat sich das Kind verändert?
- Wodurch hat es sich verändert?

Name:

lesen schreiben malen/basteln rätseln **sprechen** vorspielen

Ist das Gewalt? (4)

Das Buch trägt den Untertitel „Eine Erzählung zum Thema ‚Gewalt in der Schule'“. Wo findest du im vierten Abschnitt Gewalt?

Kreuze die Situationen an, in denen deiner Meinung nach Gewalt angewendet wird oder wurde.

- ☐ Klaus kommt mit einem blauen Auge in die Schule. (Seite 96)
- ☐ Klaus und Fanny (Seite 97)
- ☐ Bertram und Laura (Seite 100)
- ☐ Schwäne im Park (Seite 101)
- ☐ Klaus und Frank (Seite 116)
- ☐ Bertram und Michel (Seite 117 / 118)
- ☐ Die Erinnerung des alten Mannes (Seite 122 / 123)

Vergleicht eure Einschätzungen miteinander. Begründe, warum du diese Situation angekreuzt oder nicht angekreuzt hast.

Es gibt kein „richtig“ oder „falsch“. Sprecht miteinander darüber, wenn ihr eine unterschiedliche Wahrnehmung der Situation habt.

Name:

lesen **schreiben** malen/basteln rätseln **sprechen** **vorspielen**

Rollenspiel: 1.

Woran erinnerst du dich?

An welchen Stellen kommt in der Geschichte Gewalt vor? Schreibe auf, woran du dich erinnerst, ohne nachzulesen.

An welchen „grauen Zettel“ aus deiner Klasse erinnerst du dich besonders gut (außer an deinen eigenen)? Warum ist dir gerade dieser Zettel im Gedächtnis geblieben? Schreibe auf und begründe.

Spielt in der Gruppe eine der Gewaltsituationen, an die ihr euch erinnert habt, pantomimisch vor der Klasse vor.

- Können eure Mitschüler erraten, um welche Situation es sich handelt?
- Wie hätte man diese Situation anders lösen können? Überlegt euch in der Gruppe ein gewaltfreies Ende. Spielt dieses Ende der Klasse vor.
- Was meinen die anderen? Wäre das eine gute Lösung gewesen?

Name:

lesen **schreiben** malen/basteln rätseln sprechen vorspielen

Das alles steckt in uns

Suche die folgenden Zitate im Buch. Schreibe auf, wer die Sätze sagt.

Vielleicht hilft es dir, dass du jetzt weißt, wozu du imstande wärst.

_________________ (Seite 68)

Das alles steckt in euch, in mir, in uns allen, und noch viel mehr, fürchte ich. Vielleicht schaffen wir es, ein bisschen wachsamer zu sein, vielleicht sogar, das eine oder andere Mal rechtzeitig auf die Bremse zu steigen.

_________________ (Seite 108)

Überlege: Haben die beiden Zitate auch etwas mit dir zu tun?

Lies die folgenden Zitate. Welches gefällt dir besonders gut? Warum? Schreibe deine Begründung ins Heft.

„Lass dich nicht vom Bösen überwinden, sondern überwinde das Böse mit Gutem."
(Die Bibel, Römer 12,21)

„Ein kluger Mann hat einmal gesagt, dass jeder Mensch das Bedürfnis hat, Pfeile, die ihn getroffen haben, herauszuziehen und einem anderen ins Fleisch zu werfen. Es gehört viel dazu, sie zu zerbrechen, zu verbrennen oder sonst unschädlich zu machen."
(„Sonst bist du dran", Seite 70)

„Alle Prügel haben Folgen."
(„Sonst bist du dran", Seite 70)

„Das Feuer ist ein Teil deiner Macht, Tod und Leben zugleich. Gut und Böse, Tag und Nacht, mach es dir nicht leicht."
(Peter Maffay, „Tabaluga und Lilli")

Name:

Was ist Mut?

Suche die Zitate in der Lektüre.

Fanny sah ihm bewundernd nach. (Seite 35)

Michel nahm seinen ganzen Mut zusammen. „Warum?“, fragte er. (Seite 32)

„Mein Onkel hat einen Leoparden. Außer ihm darf ihn keiner anrühren, nur ich. Von mir lässt er sich sogar kraulen.“ (Seite 35/36)

„Ich glaube, wir sind nicht mutig und nicht ehrlich genug, um über uns selbst zu reden.“ (Seite 77)

„Wahnsinn“, sagte Laura. „Der traut sich was.“ (Seite 106)

Ich schreibe es trotzdem. Frau Hafner hat gesagt, wir haben nicht den Mut, ehrlich zu sein. Die wird sich wundern. (Seite 83)

Welche Personen sind deiner Meinung nach mutig? Warum? Schreibe auf und begründe.

Name:

Klaus

Spielt die Szenen in Kleingruppen nach.

- Wie fühlst du dich als Klaus?
- Wie fühlst du dich als Michel oder Fanny?
- Wie verändert sich Klaus?

Seite 17:
Klaus pflanzt sich auf der Wippe auf, als wäre er sein eigenes Denkmal.

Seite 18:
Klaus schnippt gegen Michels Brust. „Du weißt ja, wenn du ein Wort sagst, bist du dran. Ist das klar?"

Seite 18/19:
„Dann will ich die Dame nicht länger warten lassen." Klaus beschreibt mit seiner rechten Hand einen Kreis, das sieht komisch aus, wie aus einem alten Film. Klaus bietet Fanny den Arm, sie hakt sich ein und geht mit ihm davon.

Seite 32:
Klaus misst Michel mit einem vernichtenden Blick. „Du tust einfach dasselbe wie wir, verstanden?"

Seite 96:
Klaus kommt mit einem blauen Auge in die Schule.
„Ich bin gegen einen Laternenmast gerannt", sagt er, ohne dass ihn jemand gefragt hat.

Seite 99:
„Das geht dich einen Dreck an", herrscht ihn Klaus an.
„Ich hab mit Bertram geredet", sagt Luki.
Nie hat jemand so mit Klaus gesprochen. In all den Jahren nicht. Michel hält den Atem an. Jetzt muss etwas ganz Furchtbares geschehen. Plötzlich wird ihm klar, dass niemand Klaus beachtet.

Seite 113:
Klaus stupst Fanny an. „Du kannst meines gleich mithäkeln. Das ist Weiberarbeit."
„Nein", sagt Fanny. „Du machst deines schön selbst, wie alle anderen."
Klaus starrt sie mit offenem Mund an. Dann zuckt er mit den Schultern. „Also – wer will für mich häkeln?"

Seite 117:
Klaus sitzt mit Fanny in der hintersten Ecke der Bücherei und lässt sich feste Maschen zeigen. Seine Zunge kriecht zwischen den Zähnen hervor, die Häkelnadel hält er so fest, dass die Knöchel weiß hervortreten.

Name:

lesen **schreiben** malen/basteln rätseln **sprechen** **vorspielen**

Außenseiter oder Anführer?

Woran erkennt man einen Außenseiter? Woran einen Anführer?

Arbeitet in Kleingruppen zusammen. Wählt eine Szene aus dem Buch aus oder überlegt euch eine eigene, in der ein Anführer, ein Außenseiter (oder ein Opfer) und ein paar Mitläufer mitspielen.

Mögliche Szenen aus dem Buch:
Arnold auf der Schultoilette (Seite 5 bis 7)
Arnold im Park (Seite 14 bis 19)
Arnold im Park (Seite 32 bis 35)
Arnold auf dem Parkplatz (Seite 49 bis 54)
Klaus, Fanny und Bertram (Seite 96 bis 100)
Rita (Seite 112 bis 116)

Spielt eure Szene vor der Klasse vor, ohne dabei zu reden (also pantomimisch).

Beobachtet das Rollenspiel eurer Mitschüler genau: Welches Kind ist der Anführer der Gruppe? Wer ist der Außenseiter? Versucht zu beschreiben, woran ihr den Anführer und den Außenseiter erkannt habt.

Name:

lesen **schreiben** malen/basteln rätseln sprechen vorspielen

Bertrams Sammlung

Stell dir vor, Michel hätte Bertram nach seiner Sammlung gefragt. Wie hätte Bertram antworten können? Ergänze die Sätze.

Lies auf den Seiten 100 und 118 bis 120 nach.

Ich sammle ____________________, weil ____________________

____

Ich verwende eine besondere Schere, um den Mädchen die Locken abzuschneiden, weil ____________________

____

Was denkst du über Bertrams Sammlung? Schreibe auf und begründe deine Meinung.

____

____

____

____

Name:

lesen **schreiben** malen/basteln rätseln **sprechen** vorspielen

Arnolds Schal

Warum ist es Michel so wichtig, Arnolds Schal aus dem Baum zu holen? Warum führt der Schal die beiden Jungen wieder zusammen?

Schreibe Wörter in den Schal, die zeigen, welche Bedeutung er für Arnold hat.

Diese Fragen können dir helfen:
Wie ist ein Schal? Wofür braucht man einen Schal? Wie fühlt man sich, wenn man an einem kalten Tag einen Schal trägt? Wie fühlt man sich an einem kalten Tag ohne Schal?

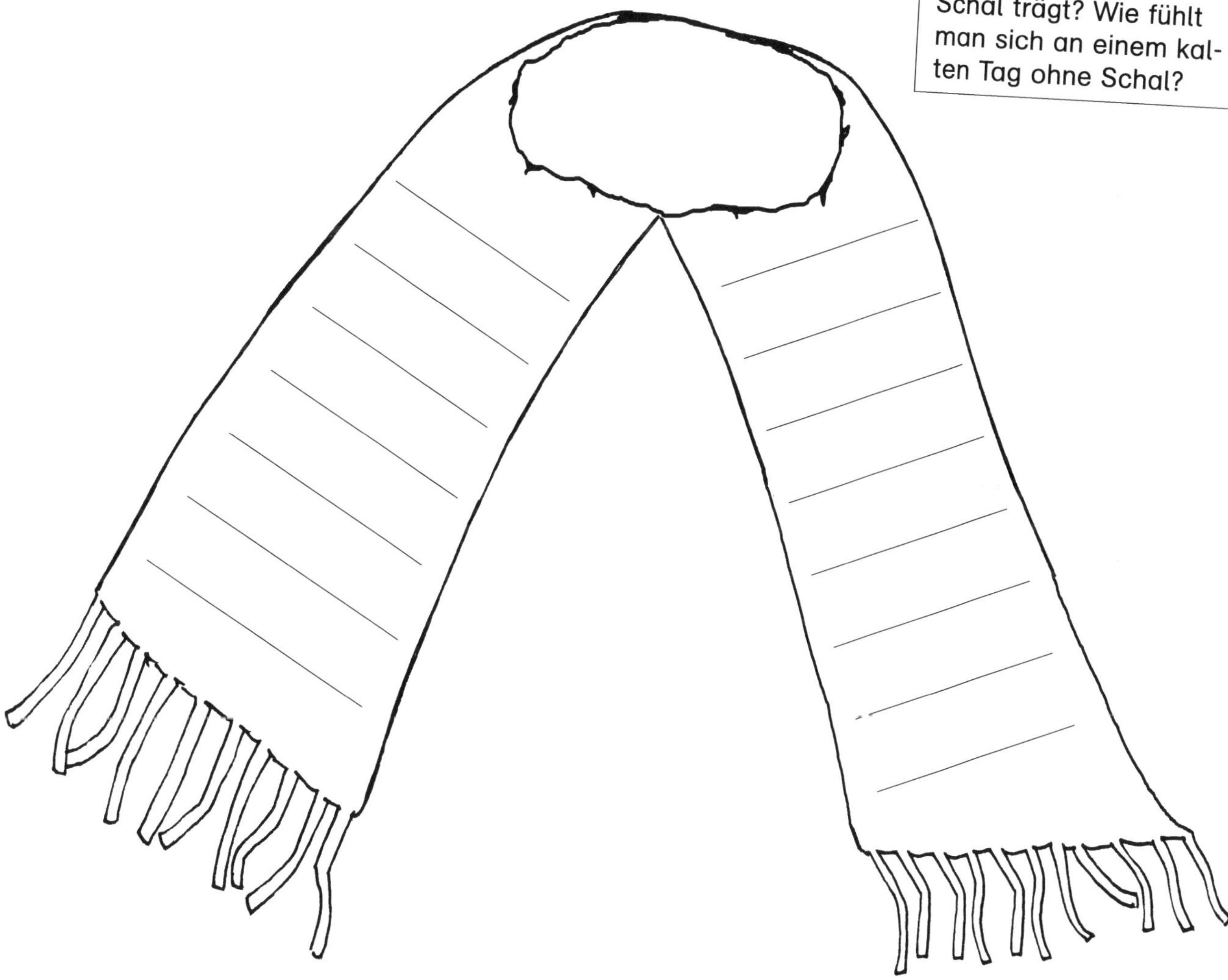

Im Schal ist ein Loch. „Man kann nie mehr hinter eine Erfahrung zurück, die man einmal gemacht hat." Was soll das bedeuten? Sprecht darüber.

Schreibe Wörter in das Loch, die zeigen, woran es erinnert.

Name:

lesen schreiben malen/basteln rätseln sprechen vorspielen

Erziehung früher – heute

Als Michel Arnolds Schal vom Baum holen möchte, trifft er im Park einen Mann.

Was erzählt der Mann aus seiner Kindheit? Suche die Zitate in der Lektüre.

Der alte Mann erzählt (Seite 122 bis 124):

Und jetzt gibt's Ärger daheim.

Ich kann mich erinnern, welche Prügel ich bezogen habe, als ich …

Hab nach den Schlägen tagelang nicht sitzen können …

Jetzt tobt deine Mutter, was?

Aber die Prügel werden nicht ganz so schlimm sein. Nicht ärger, als du verdient hast …

Wie reagieren deine Eltern, wenn du Kleidungsstücke verloren hast?

Als der Mann ein Kind war, war es normal, dass Eltern ihre Kinder schlugen. Wann hat sich das geändert? Recherchiere im Internet.

Seit wann dürfen Eltern ihre Kinder nicht mehr schlagen?

Wann wurde durch ein Gesetz verboten, dass Lehrer ihre Schüler schlagen?

Name:

lesen **schreiben** malen/basteln rätseln sprechen vorspielen

Das alles bin ich

Hier Außenseiter, da Mitläufer, dort Anführer – kennst du das?

Das alles – und noch viel mehr – steckt in dir. Fülle aus.

Das kann ich nicht gut:

Hier fühle ich mich gar nicht wohl:

Da bin ich mutig:

Da fühle ich mich wohl:

Das macht mir Angst:

Ich bin traurig, wenn …

Das kann ich besonders gut:

Das macht mich glücklich:

Michels Weg

Ihr braucht:

- den Spielplan von Seite 48
- die Fragen und Antworten von Seite 46/47
- pro Spieler eine Spielfigur
- einen Würfel
- einen Stift und ein Blatt, um die Punkte zu notieren

Spielregeln

1. Zwei bis vier Kinder können mitspielen. Jeder stellt seine Spielfigur auf das Startfeld.
2. Würfelt reihum und setzt eure Spielfigur entsprechend. Es wird ohne Rauswerfen gespielt.
3. Wenn ihr auf ein nummeriertes Feld kommt, stellt euch ein Mitspieler die entsprechende Frage.
   - Ist Frage richtig beantwortet, erhält der Spieler einen Punkt.
   - Ist die Frage falsch beantwortet, muss der Spieler eine Runde aussetzen.
4. Das Spiel ist zu Ende, wenn der erste Spieler das Zielfeld erreicht hat. Dafür gibt es einen weiteren Punkt. Gewonnen hat, wer die meisten Punkte hat.

	Fragen	**Antworten**
1	Was beobachtet Michel auf der Schultoilette?	*Michel beobachtet, dass Klaus und Bertram Arnolds Kopf in die Kloschüssel stecken.*
2	Was beobachtet Michel beim ersten Mal im Park?	*Michel beobachtet, dass Klaus, Bertram und Fanny Arnold schlagen.*
3	Wie oft geht Michel in der Geschichte in den Park?	*Michel geht viermal in den Park.*
4	Warum will Michel Karate lernen?	*Er möchte sich schützen und sich gegen Klaus und seine Bande verteidigen können.*
5	Was erschreckt Michel auf der Burg Greifenstein und macht ihn nachdenklich?	*Michel erschreckt die Folterkammer.*
6	Wie lautet eine Aufgabe aus dem Kunstunterricht bei Frau Rode?	*1. Aufgabe: Male ein Porträt deines Nachbarn.* *2. Aufgabe: Male ein Bild zum Thema „Wut".*
7	Was geschieht auf dem Parkplatz?	*Auf dem Parkplatz gibt Michel Arnold Gras zu fressen.*

Michels Weg

	Fragen	Antworten
8	Warum muss Michel zur Polizeiwache?	*Michel wird verdächtigt, Autospiegel und Antennen abgebrochen zu haben.*
9	Was traut sich Arnold?	*Arnold traut sich zu dem großen Hund hinein, vor dem alle Angst haben. Arnold streichelt den Hund und spielt mit ihm.*
10	Welche Aufgabe gibt die Vertretungslehrerin der Klasse 4a?	*Die Vertretungslehrerin schreibt mit der 4a ein schweres Diktat.*
11	Welche Hausaufgabe gibt Frau Hafner den Kindern?	*Frau Hafner gibt den Kindern auf, anonym auf einen Zettel zu schreiben, wann sie schon einmal Gewalt ausgeübt oder erfahren haben.*
12	Warum darf die 4a nicht Völkerball spielen?	*Die 4a soll nicht Völkerball spielen, weil in vielen Ländern tatsächlich Menschen abgeschossen werden.*
13	Was sammelt Bertram in seinem Buch?	*Bertram sammelt Haarlocken von Mädchen.*
14	Was passiert beim zweiten Mal im Park?	*Als Michel zum zweiten Mal im Park ist, wird Arnold von Klaus' Bande gejagt. Aus Angst macht Arnold in die Hose. Michel lacht mit den anderen Arnold aus. Arnolds Schal wird in den Baum geworfen.*
15	Welche Tiere beobachtet Michel, als er ohne seine Klassenkameraden im Park ist?	*Michel beobachtet die Schwäne, die sich böse anzischen.*
16	Was macht Michel ohne seine Klassenkameraden im Park?	*Michel holt Arnolds Schal aus dem Baum.*
17	Was erzählt der Mann im Park?	*Der Mann erzählt von den Schlägen, die er in seiner Kindheit bekommen hat.*
18	Was sagt die Polizei am Telefon?	*Die Polizei sagt, dass Michel nicht mehr verdächtigt wird. Sie haben die Jugendlichen gefunden, die die Spiegel und Antennen abgebrochen haben.*
19	Was macht Michel mit dem Schal?	*Er wäscht und bügelt ihn.*
20	Was gibt Michel Arnold zurück?	*Michel gibt Arnold seinen Schal zurück.*

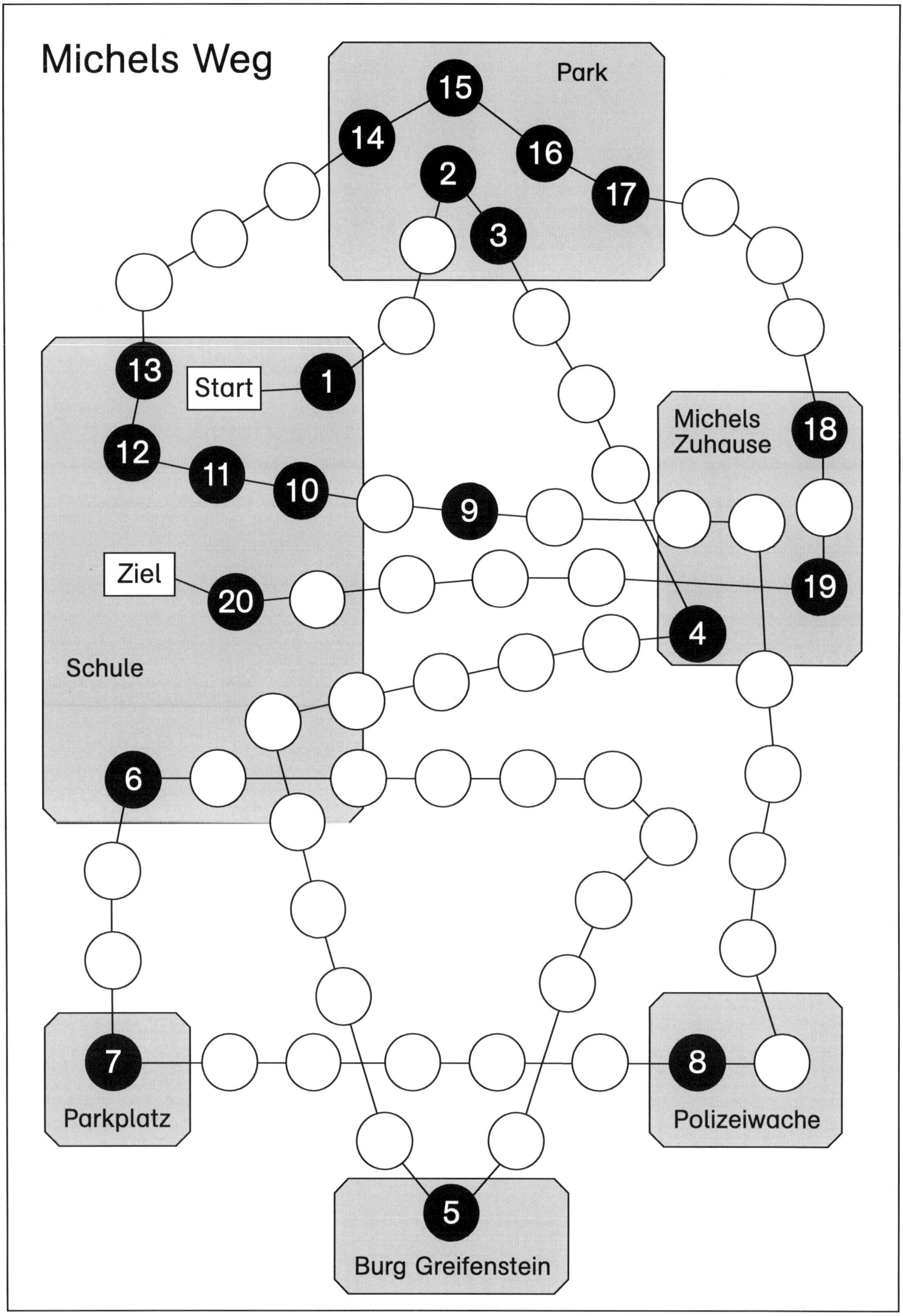
Michels Weg
Park
Start
Ziel
Schule
Michels Zuhause
Parkplatz
Polizeiwache
Burg Greifenstein
1
2
3
4
5
6
7
8
9
10
11
12
13
14
15
16
17
18
19
20